NRW
Thüringen
HESSEN
KASSEL
SIEGEN
Marburg
Gießen
Wetzlar
Fulda
Limburg
Bad Homburg v.d. Höhe
FRANKFURT
OFFENBACH
WIESBADEN
MAINZ
DARMSTADT
Aschaffenburg
Bayern
WÜRZBURG
Rheinland-Pfalz
Worms
MANNHEIM
LUDWIGS-HAFEN
HEIDELBERG
Baden-Württemberg
Hanau
Bad Vilbel
Friedberg
Bad Nauheim
Rüsselsheim
Bingen
Bad Kreuznach
Alzey
Bensheim
Heppenheim
Weinheim
Lorsch
Viernheim
Frankenthal
Mosbach
Wertheim
Miltenberg
Erbach
Michelstadt
Dieburg
Babenhausen
Langen
Neu-Isenburg
Brilon
Korbach
Frankenberg
Bad Hersfeld
Alsfeld
Lauterbach
Schlitz
Hünfeld
Büdingen
Gelnhausen
Schlüchtern
Bad Brückenau
Hammelburg
Gemünden
Karlstadt
Lohr
Marktheidenfeld
Ochsenfurt
Tauberbischofsheim
Bad Mergentheim
Creglingen
Osterburken
Buchen
Walldürn
Amorbach
Obernburg
Groß-Umstadt
Reinheim
Ramstadt
Pfungstadt
Griesheim
Groß-Gerau
Oppenheim
Wörrstadt
Ingelheim
Rüdesheim
Kaub
Idstein
Königstein
Bad Soden
Hofheim
Usingen
Weilburg
Dillenburg
Herborn
Biedenkopf
Laubach
Schotten
Nidda
Hungen
Lich
Grünberg
Homberg
Kirchhain
Stadtallendorf
Schwalmstadt
Neuhof
Flieden
Steinau
Wächtersbach
Bad Orb
Bad Soden-Salmünster
Sulzbach
Erlenbach
Ludwigshafen
Schifferstadt
Schwetzingen
Grünstadt
Kirchheimbolanden
Bad Dürkheim
Katzenbuckel 626 m
Melibokus 517 m
Taunus
Vogelsberg
Spessart
Odenwald
Rhön

W0392696

BILDFOLGE – Bilderreise durch HESSEN
Contents – journey through HESSE
Contenu – Voyage á travers la HESSE

FRANKFURT AM MAIN / HÖCHST 11-15

TAUNUS
Bad Homburg vor der Höhe 16
Saalburg bei Bad Homburg 17
Feldberg 18
Idstein 19

LANDESHAUPTSTADT WIESBADEN 20-22

VOM RHEINGAU ZUM TAUNUS
Schlangenbad 23
Kloster Eberbach bei Hattenheim 24
Schloß Johannisberg bei Geisenheim 25
Niederwald-Denkmal bei Rüdesheim 26
Mäuseturm im Rhein bei Rüdesheim und Bingen 27
Rüdesheim 28

DARMSTADT 29-30

VON DER BERGSTRASSE UND DEM ODENWALD ZUM NECKAR
Heppenheim 31, 32
Michelstadt 33
Hirschhorn am Neckar 34

VOM MAIN ZUM KINZIGTAL
Offenbach 35
Hanau 36
Gelnhausen 37
Bad Orb 38
Bad Soden-Salmünster 39

WETTERAUKREIS
Büdingen 40
Friedberg 41
Bad Nauheim 42
Butzbach 43

VOM VOGELSBERG ZUR RHÖN
Alsfeld 44
Schlitz 45
Lauterbach 46
Fulda 47, 48

ENTLANG DER LAHN ZUR EDERTALSPERRE
Limburg an der Lahn 49
Dietkirchen 50
Runkel 51
Weilburg 52
Schloß Braunfels 53
Wetzlar 54
Gießen 55
Marburg 56
Frankenberg 57
Edertalsperre und Burg Waldeck 58, 59
Korbach 60
Fürstliches Residenzschloß Arolsen 61
Bad Wildungen 62

KURHESSISCHES BERGLAND - WALDHESSEN - WERRALAND
Fritzlar 63
Schwalmstadt 64
Homberg an der Efze 65
Melsungen 66
Burg Spangenberg 67
Rotenburg an der Fulda 68
Bad Hersfeld 69
Eschwege 70
Bad Sooden-Allendorf 71
Naturpark Habichtswald mit Zierenberg 72/73
Sababurg im Reinhardswald 76

KASSEL 74, 75

WOLFGANG BOLLER

Farbbild-Reise durch

HESSEN

Von der Bergstraße zum Reinhardswald

ZIETHEN-PANORAMA VERLAG

Wolfgang Boller

Farbbildreise durch HESSEN

Ein Ländchen wie ein Eichenblatt

Der alte Wäldergott war's, der gern mit Hinkelsteinen spielt und durch Fingerhutlichtungen watet, der Gott der Heiden und Hochmoore, der Auerhähne und Libellen. Er sieht aus wie ein Förster oder Köhler, wie ein Holzrücker oder Kräutersammler, spricht mit den Zaunkönigen und schaut den Ameisen zu. Sein Bart ist verklebt von wildem Honig und dunkelbraunem Harz, sein Atem riecht nach dem Duft von Brombeeren an heißen Sommertagen. Er schuf das Ländchen in einer heiteren Regung. Nach dem Gesetz seines schwankenden Maßes entstand ein grünes Land mit Wäldern und glitzernden Flüssen, weiten Tälern für Städte, Waldwinkeln für entlegene Weiler. Dieses Ländchen aber, das Herzländchen von der Gestalt eines Eichenblatts, nannten seine Bewohner einen Scheffel Ewigkeit später: Hessen.

Zu berichten ist vom Land Hessen mit den Farben rot-weiß und dem zehnmal gestreiften Löwen im blauen Wappenfeld, zu berichten ist von Landschaft und Landwirtschaft, Sonne und Schnee und dem Nabel der Welt. Hessen besteht aus Mittelgebirgen und Kammern. Es ist gegliedert in Bergachsen und Senken zwischen Rhein und Werra, Neckar und Weser, mißt von Nord (Bad Karlshafen) nach Süd (Neckarsteinach) in der Luftlinie rund 250 und von West (Hadamar) nach Ost (Fuldaquelle) 140 Kilometer. Das ist die Entfernung vom Odenwald zum Habichtwald und vom Westerwald zur Rhön. Zwischen den Rheingauer Rebenhügeln und den oberhessischen Kartoffelfeldern, zwischen den Getreideflächen der Wetterau und den Zuckerrübenäckern der Schwalm wechselt der Wald nur seine Namen. In Hessen gibt es neun Wälder.

Das Land besteht aus einem Dutzend Landschaften. Hessen vereint die Widersprüchlichkeiten des dritten Schöpfungstags, den Reichtum der Industrielandschaft an Rhein und Main und die bäuerliche Armut des Knüllgebirges, die Gärten

Pictorial tour through HESSE

The oak leaf

The old god of the forest liked to play with runes and wade through glades filled with foxglove. He was the god of the heather and the plateaus, the god of the wood grouse and the dragonfly. He looked like a forest ranger or charcoal burner, like a woodcutter oran herbalist. He talked to the wrens and watched the ants. His beard was matted with wild honey and brown resin; his breath smelled like blackberries on hot summer days. He made the land in a whirlwind of energy. Governed by the law of ever-changing dimensions, there grew a green land of forests and shining rivers, wide valleys for towns, bits of forest for remote hamlets. One day, when he grew tired of the mountains and seas, when he had seen his-fill of endless reaches and precipices, he felt the threat inherent in them. In these places, life was always filled with fear. And so he made a small land. But the land in the centre of the world, the land shaped like an oak leaf, was to be given a name by its inhabitants an eternity later Hesse.

This is a tale of the Land of Hesse, whose colors are red and white and whose coat-of-arms bears a lion with ten stripes on a blue background. It is a tale of landscape and agriculture, sun and snow, the hub of the universe. Hesse consists of low mountain ranges and valleys. It is divided into mountain peaks and valleys between the Rhine and the Werra rivers, the Neckar and the Weser; from the North (Bad Karlshafen) to the South (Neckarsteinach) it measures around 250 kilometers as the crowflies, and 140 kilometers from West (Hadamar) to East (the source of the Fulda). This is the distance from the Odenwald to the Habichtswald, from the Westerwald to the Rhön mountains. Between the Rheingau vineyards and the Upper Hessian potato fields, between the wheat flats of Wetterau and the sugar beet farms of Schwalm, the forest changes only in name. In Hesse, there are nine forests.

Voyage à travers la HESSE

Un petit pays en forme de feuille de chene

Tout vient de lui, le vieux dieu des bois qui aime à jouer avec les menhirs et rôder dans des clairières grandes comme des dès à coudre. Il est le roi des landes et des marais, des tétras et des libellules. Il ressemble à un garde forestier ou à un charbonnier, à un bucheron ou à un ramasseu de plantes. Il parle au roitelet et contemple les fourmis. Le miel sauvage, la résine brune collent à sa barbe. Son souffle sent le parfum qu'émanent les framboises durant les chauds jours d'été. Il créa le petit pays dans un élan joyeux. Au gré de sa fantaisie, il conçut un paysage vert de forêts et de rivières étincolantes, de larges vallees pour les villes, de boqueteaux pour les hameaux solitaires. Des siècles et des siècles s'écoulèrent. Les habitants donnèrent alors un nom au petit pays central en forme de feuille de chêne: ils l'appelèrent la Hesse.

Nous allons parler de la Hesse dont les armoiries représentent un lion rayé rouge et blanc sur fond bleu. Nous allons parler de nature et de cultures, du soleil et de la neige et du nombril du monde. La Hesse est composée de crêtes et de montagnes d'altitude moyennes. Un paysage d'axes montagneux et de versants se déroule entre le Rhin et la Werra, le Neckar et la Weser. A vol d'oiseau, il mesure 250 km du nord (Bad Karlshafen) au sud (Neckarsteinach) et 140 km de l'ouest (Hadamar) à l'est (Fuldaquelle). Cela représente la distance entre les régions boisées de l'Odenwald et du Habichtswald, du Westerwald et de la Rhön. La forêt ne fait que changer de nom entre les collines de vignobles du Rheingaue, les champs de pommes de terre de la Hesse supérieure, les champs de céréales de la Wetterau et ceux de betteraves à sucre de la Schwalm. La Hesse possède neuf forêts en tout.

Une douzaine de paysages composent le pays. La Hesse réunit les contradictions du troisième jour de la Genèse: la richesse des zones industrielles

im Goldenen Grund und die kalten Herbergen im Untertaunus, die mondänen Kurbäder und die kargen Sommerfrischen, die Spielbanken und die Trachtengruppen, die Künstlervillen der Darmstädter Jugendstilarchitekten und die üppigen Barockschlösser der hessischen Landgrafen von Kassel, die Dome und Hexentürme, die Burgruinen und gläsernen Versicherungspaläste, Riesling von Hochheim und Speyerling von Hochstadt, die Wirtshäuser im Spessart und an der Lahn, die französischsten in Frankfurt („Hibdebach"), die kulinarischsten in Wiesbaden und die hessischsten in Frankfurt („Dribdebach"). Jede Landschaft hat ihren eigenen Duft. Dem Geschmack von Apfelblüten und Kornblumen, von Traubenmost und Salzquellen, von Metzelsuppe, Kartoffelfeuer und frischem Brot ist ein Geruch von Tannenzapfen und Moos beigemischt. Hessen ist eines der waldreichsten Länder Deutschlands. 40 Prozent des Landes sind Wälder, darunter neun Naturparks, 60 Natur- und 524 Landschaftsschutzgebiete.

Die Höhendifferenzen überschreiten keine 1000 Meter. Die höchste Erhebung mißt 950 Meter (Wasserkuppe, Rhön). Der tiefste Punkt wurde in der Westhessischen Senke geortet, eine Steigdrachenentfernung über dem Meer 71 Meter, Lorchhausen. Hessen ist Ausgleich und Maß, doch der Unterschied von 879 Metern gibt Frösten und Frühlingsboten Quartier im selben Haus. In den Flußtälern weht ein Hauch von Italien. In den Wälderhöhen behauptet der Winter seine frostklirrenden Residenzen, wenn am Flußufer die Blütenknospen platzen. Hochtaunus, Vogelsberg und Rhön sind Wintersportgebiete. Der Schnee bleibt in manchen Jahren drei Monate liegen, im Tal nur Tage oder Stunden. Im Rheingau, sagt man (wie im Breisgau, im Markgräfler Land, am Bodensee und in München), beginnt der Süden. Jedenfalls reifen dort Rieslingreben und Feigen, Edelkastanien und Zitronen (Schloß Johannisberg). An der Bergstraße gibt's Wein, Mandeln und Pfirsiche, im Ried Tabak und Spargel.

The land consists of a dozen landscapes. Hesse combines the contradictions of the Third Day of Creation: the riches of an industrial landscape along the Rhine and Main rivers and the rural poverty of the Knüll mountains, the gardens of the Goldener Grund and the cold accommodations in the Lower Taunus, the chic spas and the meager summer resorts, the casinos and the groups dressed in traditional costume, the artistvillas built in the style of Darmstadt Art Nouveau and the opulent Baroque castles or the Hessian landgraves of Kassel, the cathedrals and enchanted towers, ruined castles and glass-paned skyscrapers; Riesling from Hochheim and Speyerling from Hochstadt, inns in Spessart and along the Lahn, with the French establishments concentrated in Frankfurt ("Hibdebach"), the culinary ones in Wiesbaden and the Hessian ones in Frankfurt ("Dribdebach"). Each landscape has its own scent. The perfume of apple blossoms and cornflowers, of new wine and mineral springs, of Metzelsuppe (meat broth), bonfires made from dried potato leaves and fresh bread: all of this mixed with the smell of pine cones and moss. Hesse is one of the States in Germany with the most forests. Forty percent of the land is covered by forest, including nine national parks, 60 nature reserves and 524 protected areas.

The altitude range does not exceed 1,000 meters. The highest point is 950 meters (Wasserkuppe, Rhön Mountains), and the lowest point is in the West Hessian valley: just 71 meters above sea level in Lorchhausen. Hesse is a place of harmony and moderation, and yet within the range of 879 meters there is room for both frost and the harbingers of spring. The river valleys are filled with a breath of Italy. Winter makes its frosty home in the high forests, while the buds are springing forth on the riverbanks. Hochtaunus, Vogelsberg and Röhn are the domain of winter sports. Some years, the snow remains on the ground for three months, while in the valley it melts after just a few days or hours. It is said

du Rhin et du Main et la pauvreté rurale des montagnes Knüll, la fertilité de la région de Wetterau et les coins arides du Taunus inférieur, les stations thermales mondaines et les villégiatures modestes, les casinos et les groupes folkloriques, les villas d'artistes des architectes de l'époque Art Nouveau à Darmstadt et les imposants châteaux baroques du comté hessois de Kassel, les cathédrales et les tours de sorcières, les ruines de châteaux-forts et les immeubles modernes des grandes compagnies d'assurances, le Riesling de Hochheim et le Speyerling de Hochstadt, les auberges du Spessart et de la Lahn et les rendez-vous des gourmets à Wiesbaden, les élégants restaurants français et les auberges rustiques de Francfort. Chaque paysage a son propre arôme. Les senteurs des pommes de pins et de la mousse se mêlent à celles des fleurs de pommiers, des bleuets, du moût de raisin, des sources salées, de la soupe au sang, des pommes de terre cuites sous la braise et du pain frais. La Hesse est un Land le plus boisé d'Allemagne. Les forêts couvrent 40% de sa superficie et abritent neuf parcs naturels, soixante réserves botaniques et zoologiques et 524 sites protégés.

Les différences d'altitude ne dépassent pas 1000 mètres. Le massif le plus haut s'élève à 950 m (Wasserkuppe dans la Rhön). Le point le plus bas, 71 mètres, a été mesuré à Lorchhausen dans l'affaissement hessois occidental. La Hesse est donc une province équilibrée. Cette différence de 879 mètres réunit pourtant les gelées et les messages printanniers sous un même toit. Un soupçon d'atmosphère italienne souffle dans les vallées. Quand les bourgeons sont en fleurs aux bords des rivières, l'hiver rude réside toujours sur les hauteurs boisées. On skie dans le Taunus supérieur, dans le Vogelsberg et dans la Rhön. Certaines années, la neige recouvre le sol de ces régions durant trois mois alors qu'elle fond au bout d'un jour ou même de quelques heures dans les vallées. On dit que le Sud commence dans le Rheingau (dans le Breisgau, au lac de

Der Vogelsberg markiert die Mitte des Ländchens und des Landes. Der erloschene Vulkan liegt auf halber Luftlinie zwischen Heppenheim und Hofgeismar (je rund 100 Kilometer), oder zwischen Brüssel und Prag (je 350 Kilometer), oder zwischen Madrid und Helsinki (je 1500 Kilometer). Wenn es den Funktionären der Europäischen Gemeinschaft mit einem Sitz im Zentrum des Spinnennetzes ernst wäre, fänden die Bürokratien der Kommision und des Ministerrates wie auch das Parlament und der Gerichtshof den passenden Baugrund in Herbstein oder in Busenborn am Eichelbach, dem idyllischen Nebenfluß der Nidda.

Vom Kartoffelbauer zum Wirtschaftsgigant

Zu berichten ist weiterhin von hessischen Zahlen und Zahlenverhältnissen, Wirtschaftserfolgen, Statistiken und Superlativen. Die Namen der Städte Wiesbaden und Frankfurt am Main sind dabei unerläßlich.

Hessen ist so groß wie Massachusetts in den USA. Das Land und der Neuenglandstaat haben die gleiche Bevölkerungszahl und Bevölkerungsdichte und auch sonst mancherlei Ähnlichkeiten: das Mittelgebirge, die Wälder, das gemäßigte Klima, die karge Ackerkrume und die präpotente Industriestadt. Selbstverständlich gibt es Unterschiede. Frankfurt am Main ist nicht Boston am Charles River (um nur einen zu nennen). Und Frankfurt ist nicht Wiesbaden. Außerdem fehlt den Flußtälern von Massachusetts die Heiterkeit südlicher Vegetation. Aber sonst: Landflucht und: Industriekonzentration, Kulturbewußtsein, Universitäten, Hochschulen, Museen, Bibliotheken... Man kann sagen: Hessen ist ein bißchen Massachusetts und ein bißchen Kalifornien. Das Ländchen von 21114 Quadratkilometern, und es gibt 6 Millionen Hessen.

Das Industriepotential im Rhein-Main-Dreieck wetteifert mit dem Ruhrgebiet. Man muß sich einmal vorstellen: Das unterentwickelte Ländchen

that the South begins in the Rheingau (and in Breisgau, in Markgräfler Land, Lake Constance and Munich). In any case, Riesling vines and figs, Spanish chestnuts and lemons (Johannisberg castle) all grow in this region. The Bergstraße has wine, almonds and peaches, while tobacco and asparagus grow in Ried.

Vogelsberg marks the centre of the state. This mountain, an extinct volcano, lies halfway between Heppenheim and Hofgeismar as the crow flies (approximately 100 kilometers), or between Brussels and Prague (350 kilometers), or between Madrid and Helsinki (1,500 kilometers). If the bureaucrats of the European Community were to seriously consider setting up headquarters in the center of the spider's nest, the bureaucracies of the Commission and the Council of Ministers as well as the European Parliament and the Court of Justice would find a suitable location in Herbstein or in Busenborn along the Eichelbach, an idyllic tributary of the Nidda river.

From potato farmer to economic giant

It is also a tale of Hessian numbers and ratios, economic success, statistics and superlatives. The names of the cities of Wiesbaden and Frankfurt am Main speak for themselves.

Hesse is the size of Massachusetts, USA. The West German and New England states have the same population and population density as well as a number of other similarities low mountain ranges, forests, a mild climate, poor topsoil and a strong industrial centre.There are, of course, differences: Frankfurt am Main is not Boston on the Charles River (to name just one). Nor is Frankfurt Wiesbaden. Moreover, the river valleys of Massachusetts lack the uplifting atmosphere provided by southern vegetation. But otherwise, they both have migration to the cities, concentration of industry, cultural awareness, universities, museums,

Constance, à Munich) où poussent la vigne riesling, les figues, les châtaignes et les citrons (au château Johannisberg). Les vignobles, les amandiers et les pêchers longent le route dite Bergstrasse. Le tabac et les asperges sont cultivés dans les anciennes régions marécageuses du Ried.

Le Vogelsberg marque le centre de la province et du pays. Le volcan éteint se dresse entre les localités d'Heppenheim et d'Hofgeismar (à 100 km de distance de l'une et de l'autre), à mi-chemin entre Bruxelles et Prague (350 km de part et d'autre), entre les capitales Madrid et Helsinki (à distance égale de 1500 km). Si la Communauté européenne, le Parlement européen ou la Cour européenne songeaient sérieusement à établir un siège au centre de l'Europe, il leur faudrait trouver un terrain à bâtir à Herbstein ou à Busenborn sur l'Eichelbach, un affluent ravissant de la Nidda.

Du cultivateur de pommes de terre au geant economique

Nous allons maintenant parler de chiffres et de comptes, de succès économiques, de statistiques et de superlatifs. Deux noms de villes dominent Wieshaden et Francfort-sur-le-Main.

La Hesse est aussi grande que le Massachussetts aux Etas-Unis. Le Land allemand et l'Etat de Nouvelle-Angleterre ont aussi le même nombre d'habitants, la même densité de population ainsi que plusieurs autres ressemblances des montagnes moyennes, des forêts, un climat tempéré, une pauvreté du sol et des villes industrielles importantes. Des différences existent naturellement. Francfort-sur-le-Main n'est pas Boston sur la Charles River (pour ne faire qu'une comparaison), mais Francfort n'est pas non plus Wiesbaden. En outre, on ne trouve pas de végétation annonçant le Sud dans les vallées du Massachussetts. Par contre, les deux régions ont en com-

der Kartoffelbauern und kleinen Handwerker hat sich zum Wirtschaftsgiganten aufgeschwungen. Namen und Daten markieren den Weg: Henschel, Kassel (1810); Merck, Darmstadt (1827); Leitz, Wetzlar (1849); Farbwerke Hoechst (1862); Opel, Rüsselsheim (1862/1898); Degussa, Frankfurt (1873); Buderus, Wetzlar (1884).

Diese Hessen! Sie sind am westdeutschen Export zu etwa zehn Prozent beteiligt. Ihr Ländchen wird von acht Autobahnen durchquert. Sie haben den größten Flughafen Mitteleuropas (jährlich 20 Millionen Fluggäste), den wichtigsten Knotenpunkt für den westdeutschen Fernstraßenverkehr (Frankfurter Kreuz), das engmaschigste Straßennetz, die Frankfurter Börse und die Frankfurter Messe sowie die eindrucksvollste Versammlung von Banken und Kreditinstituten.

Gemeinsam wären sie einzigartig: Wiesbaden und Frankfurt oder Frankfurt und Wiesbaden. Zusammen (zweckvollerweise mit dem Stiefkind Offenbach) lägen sie am Main und am Rhein, wären Landeshauptstadt und Millionenstadt, Handelsmetropole und Weltkurstadt, hätten die höchsten Häuser und die heißesten Quellen, die schönsten Flußufer und das wildeste Nachtleben. Aber sie sind nicht zusammen.

Beide Städte haben den Taunus im Rücken und an den Hängen des Taunus Millionärsvillen. Es gibt Ähnlichkeiten in beider Vergangenheit, von den Römern bis zur Zerstörung in den Bombennächten des Zweiten Weltkrieges. Und es gibt Ähnlichkeiten in der Rigorosität des Wiederaufbaus.

Wiesbaden ist eine Stadt wie ein Phönix. Auch in der Altstadt, die immerhin existiert, ist kaum ein Haus viel älter als 200 Jahre (Ausnahme: das Alte Rathaus). Selbst das letzte, kümmerliche Überbleibsel der römischen Stadtmauer präsentiert sich als antikisierender Torbau (Heidenmauer,

libraries... You could say that Hesse is a bit of Massachusetts and a bit of California. In short: 6 million Hessians live in a tiny state of 21,114 square kilometers. The industrial potential of the Rhine-Main Triangle competes with the Ruhrgebiet.

Just imagine the situation the under-developed region of potato farmers and small tradesmen has rapidly turned into an economic giant. Names and dates mark this development: Henschel, Kassel (1810), Merck, Darmstadt (1827), Leitz, Wetzlar (1849), Farbwerke Höchst (1862), Opel, Rüsselsheim (1862/1898), Degussa, Frankfurt (1873), Buderus, Wetzlar (1884).

These Hessians! They have approximately a 10 percent share of the West German export business. Their state is crossed by eight highways. They have the largest airport in Central Europe (over 40 million airline passengers per year), the most important junction for West German long-distance traffic (Frankfurter Kreuz), the most close-meshed road network, the Frankfurt Stock Exchange and the Frankfurt Trade Fair as well as the most impressive collection of banks and credit institutions.

Together, they would be unique: Wiesbaden and Frankfurt, or Frankfurt and Wiesbaden. Together, and along with their step-child, Offenbach, they would lie on the Main and the Rhine, they would form a state capital and a city of millions, a trade centre and world-famous health resort. They would have the tallest buildings and the hottest springs, the most beautiful riverbanks and the wildest night life. But they are not together.

Both cities have the Taunus mountains as a backdrop, on whose slopes are situated the villas of millionaires. They both have a similar history: from the Romans to nighttime destruction by the bombs of the Second World War. And there are also similarities in the vigorous pace of reconstruction.

mun l'émigration rurale et la concentration des industries, un sens de la culture, des universités, de hautes écoles, des musées, des bibliothèques réputées... Pourquoi ne pas le dire: en Hesse, on retrouve un peu le Massachussetts avec une pointe de Californie. En résumé 6 millions de Hessois vivent sur ce petit coin de terre de 21114 km^2.

Le potentiel industriel dans le triangle du Rhin-Main rivalise avec la région de la Ruhr. Imaginons-nous: le petit pays sous-développé de cultivateurs de pommes de terre et d'artisans modestes est devenu un géant industriel. Des noms et des dates jalonnent la route du succès: Henschel à Kassel (1810), Merck à Darmstadt (1827), Leitz à Wetzlar (1849), Farbwerke Höchst (1862), Opel à Rüsselsheim (1862/1898), Degussa à Francfort (1873), Buderus à Wetzlar (1884).

Ces Hessois! Ils ont une participation de quelque 10% dans l'exportation ouest-allemande. Huit autoroutes traversent leur petit Land. Ils ont le plus grand aéroport d'Europe centrale (plus de 40 millions de passagers par an), le nœud le plus important de trafic à grande distance en Allemagne del'Ouest (le croisement de Francfort) et le réseau routier le plus dense. Ils ontaussi la Bourse et la Foire de Francfort et pour couronner le tout un nombre impressionnant de banques et d'établissements de crédits.

Elles seraient uniques si elles étaient rassemblées: Francfort et Wiesbaden ou Wiesbaden et Francfort. Ensemble (ajoutons-y la petite sœur Offenbach) elles s'étendraient sur le Main et sur le Rhin, seraient capitale de Land et ville de millions d'habitants, métropole du commerce et station thermale de réputation mondiale. Elles auraient les plus hauts édifices et les sources les plus chaudes, les plus belles rives de cours d'eaux et la vie nocturne la plus folle. Mais elles ne sont pas ensemble.

1902). Der Kochbrunnen ist das Schicksal der Gemeinde. Aus jeder mittelalterlichen Feuersbrunst, jeder Verwüstung ist sie immer wie neu hervorgegangen. Wiesbaden hatte durch den Zweiten Weltkrieg keine Flächen-Zerstörungen erlitten, so daß sich bald nach dem Krieg die Stadt wie in Friedenszeiten wieder als Kur- und Festspielstadt mit großem Blumenschmuck, Springbrunnen und bunten Fahnen präsentierte. Ein Teil des amerikanischen Militärs wurde in Kasernen und neuen Wohnsiedlungen für längere Zeit in Wiesbaden einquartiert. Die Soldaten ließen ihre Familien mit den großen amerikanischen Autos nachkommen, so daß das Straßenbild in Wiesbaden einen internationalen Anstrich bekam.

Man hält Wiesbaden nicht ohne weiteres für die Landeshauptstadt, obwohl es Herzogsresidenz von Hessen-Nassau war. Daher hat es zwei Schlösser, ein Prinzenpalais, ein Waterloo-Denkmal und die Russische Kapelle mit vergoldeten Kuppeln. Die prägende Vergangenheit waren die Kur und der Kaiser Wilhelm, der Hof und die reichen Leute der Gründerjahre. Davon ist der Kurplatz geblieben, die Wilhelmstraße, die Maifestspiele und das Kaiser-Friedrich-Bad (eins der drei römisch-irischen Bäder in Deutschland).

Frankfurt hat den Wiederaufbau nach dem Zweiten Weltkrieg mit ähnlicher Entschlossenheit betrieben, bloß mit mehr Geld. Die Stadt hat als einzige in Deutschland eine regelrechte Skyline. Sie liegt am Main wie Memphis am Mississippi. Man hat Frankfurt „Mainhattan" genannt. Vermutlich hören es die Frankfurter sogar ganz gern. Wolkenkratzer beherrschen die Ebene in schrillem Kontrast zur Lebkuchengarnitur der Römerzeile, zur ruhmreichen Paulskirche, zum Dom und zu Sachsenhausens Apfelweinseligkeit. Eine richtige Hauptstadt, sollte man denken, prädestiniert durch zentrale Lage, reichsstädtische Vergangenheit und liberale politische Tradition.

Wiesbaden is a city like a phoenix. In the old part of town, which is still standing, hardly a single building is more than 200 years old (with the exception of the Old Town Hall). Even the last, miserable remains of the old Roman city wall looks like an imitation of a classic archway (Heidenmauer: 1902). The fate of the community lies in its hot springs, which gushed forth like new each time a fire raged through the city in the Middle Ages and each time the town was devastated; even in the post- war years, the springs rejuvenated themselves from a pile of rubble and bubbled forth like new. Wiesbaden wasn't so much destroyed after the second world war. Right after the war it was again a health resort and festival city. The american soldiers lived here and their families came with the big american cars, so that the streets of Wiesbaden became an international appearance.

Regarding Wiesbaden as the state capital is not a foregone conclusion, even though it was where the Duke of Hesse-Nassau had his residence. This is why the city has two castles, a prince's palace, a monument to Waterloo and the golden-domed Russian Chapel. Its past was characterized by the spa and Emperor Wilhelm, the emperor's court and the wealthy of the mid-19th century. All that remains of this is the Kurplatz with its cascading fountains, Wilhelmstraße, the May festival and the Kaiser-Friedrich baths (one of the three Roman-Irish baths in Germany).

Frankfurt approached its reconstruction with the same kind of determination, but with more money. This city is the only one in Germany with a proper skyline. It is situated on the Main like Memphis on the Mississippi. Frankfurt has been called "Mainhatten", which presumably pleases the inhabitants. Skyscrapers dominate the plain in jarring contrast to the "gingerbread house" trim of the Roman Row, the famous Paulskirche, the cathedral and the cider-filled bliss of Sachsenhausen.

Les deux villes tournent le dos au Taunus où les villas des millionnaires s'accrochent aux versants du massif. Leur passé a des points communs, depuis les Romains jusqu'aux destructions des nuits de bombardements de la seconde guerre mondiale. Elles partagent aussi des similarités dans la rigueur de leur renaissance. Wiesbaden pourrait être comparée à un phénix. Elle possède bien sûr sa vieille ville, mais aucune maison n'est guère plus ancienne de 200 ans (exception: l'ancien hôtel de ville). Même le dernier pauvre vestige de l'enceinte romaine a seulement l'air d'être un monument antique (Heidenmauer, découvert-en 1902). Le Kochbrunnen a dicté le destin de la communauté. La fontaine, une réunion de quinze sources thermales, a traversé maintes épreuves. Elle a connu les ravages de tous les siècles depuis le Moyen Age jusqu'à la dernière guerre. Wiesbaden n'a pas été trop détruite après la seconde guerre mondiale. La ville pouvait très vite se présenter de nouveau comme ville d'eau et centre de festivités. Les soldats américains trouvaient ici leurs logements et leurs familles venaient avec les grandes voitures américaines ce qui donnait aux rues de Wiesbaden un flair international. On ne prendrait pas vraiment Wieshaden pour une capitale bien qu'elle ait été la résidence des ducs de Hesse-Nassau. De ce temps, elle a gardé deux châteaux, un palais princier, un monument de Waterloo et la chapelle russe à la coupole dorée. Mais ce sont les thermes et l'empereur Guillaume 1er, la Cour et les riches des années de spéculation après 1870 qui ont façonné son passé le plus éclatant. De cette époque datent le beau square appelé Kurplatz orné de la Brunnenkolonnade (fontaine), la Wilhelmstrasse – la plus jolie promenade de la ville –, les fêtes du mois de mai et le Kaiser-Friedrich-Bad, un des trois établissement de bains romains-irlandais en Allemagne.

Francfort s'est montrée aussi résolue dans la reconstruction de la ville. Elle avait toutefois plus d'argent. La ville est la seule d'Allemagne à presenter une physionomie de gratte-ciel. Elle s'étend le long du Main comme Memphis sur les

Frankfurt war in allem flinker als Wiesbaden, geschäftstüchtiger, erfolgreicher und seltsamerweise auch kunstsinniger. Es wird schon die eigentliche oder heimliche Hessenhauptstadt sein. Jedenfalls ist es die größte Stadt in Hessen mit einer berühmten Universität, einem halben Dutzend Theater und über 30 Museen. Frankfurt ist eine Stadt der Superlative. Die Metropole beherbergt 50 internationale Messen,13 Banken, 60 Fremdenverkehrsämter, 37 ausländische Wirtschaftsvertretungen und 59 Konsulate.

Und noch einmal zwei hessische Städte in dialektischer Betrachtung: Darmstadt und Kassel. In der Vergangenheit waren sie feindliche Schwestern und sind doch Leidensgefährtinnen, ein wenig überheblich und bei weitem zu hart bestraft – beide Geschöpfe glanzvoller Epochen, deren Überreste sie gleich Reliquien nutzen und verehren.

Beide Städte liegen am Rand großer Gebirgswälder und Ebenen, zwischen Odenwald und Ried sowie Habichtswald und Fuldatal, beide sind kleine Großstädte oder große Kleinstädte, provinziell und kultiviert, selbstbewußt und leicht verstiegen. Beide sind in der Sonne fürstlicher Gnade erblüht, waren Residenzstädte und Hauptstädte und haben unter den Launen von Landgrafen, Kurfürsten und Großherzögen gelitten – nicht nur, versteht sich. Immerhin hat ein Landgraf mit seinem Testament das Unheil gestiftet. Erbschaftsstreitigkeiten führten zum Hessenkrieg und zur Teilung des Landes in Hessen-Kassel und Hessen-Darmstadt.

Die Landgrafen des Kasseler Hofes verkauften angeworbene Landeskinder an kriegführende Potentaten. Die lakonische Floskel der Menschenjäger nach gelungenem Beutezug wird von der Stadt in köstlicher Arglosigkeit als Werbeslogan eingesetzt: „Ab nach Kassel." In Kassel ist das kurfürstliche Erbe noch überwältigender als in Darmstadt. Die Wilhelmshöhe mit den Kaskaden

A proper capital, one would think, should be centrally located, have a history as a free city and a liberal political tradition.

In its own deft, business-like, successful and strange way, Frankfurt also had an appreciation for art. Someday, it will be the actual or clandestine capital of Hesse. In any case, Frankfurt is the largest city in Hesse; it has a famous university, half a dozen theaters and more than 30 museums. Frankfurt is a city of superlatives. The metropolis is home to 50 international trade fairs, 13 banks, 60 tourist offices, 37 foreign trade agencies and 59 consulates.

And now for a dialectic view of two other Hessian cities: Darmstadt and Kassel. In the past, they were hostile sisters and are still comrades in suffering a bit arrogant and by far too harshly punished. Both are the children of glorious eras, the remains of which they use and honor like relics.

Both cities are situated at the edge of vast mountain forests and plains, between the Odenwald and Ried, between the Habichtswald and the Fulda Valley. Both are small major cities or major small towns, provincial and cultured, self-aware and slightly extravagant. Both bloomed under the sun of royal grace; they were royal seats and capitals, suffering under the various moods of landgraves, Electors and grand dukes – to mention only a few of their troubles. Nevertheless it was the legacy of a landgrave that did the damage. Inheritance disputes led to the Hessian War and the division of the region into Hesse-Kassel and Hesse-Darmstadt.

The landgraves acquired peasant children and sold them to warring potentates. The laconic cliche of the human hunters after a successful campaign has in all innocence become the city's advertising slogan: "Away to Kassel."

bords du Mississippi. On l'appelle «Mainhattan» ce qui n'est pas pour déplaire à ses habitants. Les ensembles de tours dominent l'horizon et forment un contraste étonnant avec le Römer – l'hôtel de ville aux trois pignons gothiques – l'eglise Saint-Paul où siéga la première Assemblée Nationale, la cathédrale Saint-Barthélemy et le quartier de Sachsenhausen aux tavernes réputées pour leur vin de pommes. Voilà une vraie métropole, pourrait-on penser, prédestinée à être la capitale de l'Allemagne de par sa situation centrale, son passé de ville libre impériale et sa tradition de politique libérale.

Francfort a été plus vive et les habitans de Wiesbaden plus habile en affaires. Elle a eu plus de succès et a aussi montré plus de sens artistique. Elle pourrait vraiment être la capitale de la Hesse, ce qu'elle est déjà en secret. En tous les cas, elle est la plus grande ville du Land, possède une université célèbre, une demi-douzaine de théâtres et plus de 30 musées. Francfort est une ville des superlatifs. La métropole abrite 50 foires internationales 13 banques, 60 offices detourisme, 37 délégations commerciales étrangères et 59 consulats.

Poursuivons notre observation dialectique de deux autres villes de la Hesse: Darmstadt et Kassel. Elles étaient sœurs ennemies par le passé et sont pourtant des compagnes d'infortune qui toutes les deux ont été bien trop durement punies. Elles ont encore un grain de vanité et ont vécu des époques glorieuses dont elles conservent et vénérent les vestiges commes des reliques. Les deux villes s'étendent à la lisière de plaines et de grandes forêts de montagnes. L'une est située entre l'Odenwald (forêt) et le Ried (plaine marécageuse), l'autre entre Habichtswald (forêt) et la Fuldatal (vallée). On pourrait les qualifier de grandes villes de peu d'importance ou de petites villes de grande importance. Elles sont provinciales, cultivées, bien conscientes de leur valeur et aussi un peu excentriques. La grâce princière a fait d'elles des villes florissantes. Elles étaient résidences et capitales. Mais elles ont souffert

einer Wassertreppe von 885 Stufen, das beherrschende Oktogon auf dem Kamm des Habichtswalds mit einem Herkules als krönende Figur, das Schloß Wilhelmshöhe sowie die beigeordnete Löwenburg und das Schloß Wilhelmsthal (von François Cuvilliés) sind ein unvergleichbares Architekturensemble: nach Auffassung des Kunsthistorikers Georg Dehio die eindrucksvollste Synthese von Landschaftsgestaltung und barocker Baukunst (jährlich eine Million Besucher). Einen Abglanz der irrationalen Großartigkeit ihrer Landesherren haben Darmstädter und Kasseler über die trostlosen Schutthalden ihrer Städte hinweggerettet. Die Darmstädter feiern ihre Stadt und sich selbst als Residenz kritischer Geister. Sie veranstalten internationale Ferienkurse für Neue Musik, Kranichsteiner Musikwochen und das Heinerfest. Sie führen Darmstädter Gespräche und verleihen den Georg-Büchner-Preis.

Kinderstube des Reiches

Die Gaue im fränkischen Königreich waren eine Kinderstube des Heiligen Römischen Reiches Deutscher Nation (seit Otto dem Großen).

Noch im 8. Jahrhundert hatte der Frankenkönig Karl die Klöster Fritzlar, Fulda, Hersfeld und Lorsch zu Reichsabteien erhoben. Das sanfte und süße Joch Christi diente ihm als Fundament zum Aufbau staatlicher Ordnung, an der bekanntlich die Sachsen sehr zu würgen hatten. Und jetzt sieht man klarer, als wäre eine Scharfeinstellung gelungen. Eine Geschichte Hessens beginnt sich abzuzeichnen. Die Gaugrafen kommen ins Spiel. Die politischen Stückelungen der Landkarte zerfallen durch Familienangelegenheiten wie Kaleidoskopbilder in immer neue, überraschende Farbmuster. Eheverträge und Testamente werden zum Instrumentarium hessischer Territorialmacht.

Den Reigen eröffnet im Jahr 1137 Ludwig I. von Thüringen. Er heiratet Hedwig von Gudensberg mit einer Zuwaage von Latifundien. 100 Jahre danach

In Kassel, the electorate heritage is even more overpowering, if this is possible in Darmstadt. In Wilhelmshöhe, there is a cascading waterfall with 885 stops; an octagon dominates the ridge of the Habichtswald, crowned by the figure of Hercules; Wilhelmshöhe Castle, neighboring Löwenburg and Wilhelmsthal Castle (of François Cuvilliés) form an incomparable architectural ensemble. As described by art historian Georg Dehio, they are an impressive synthesis of landscaping and Baroque architecture (1 million visitors each year). The inhabitants of Darmstadt and Kassel have preserved a shadow of the irrational magnificence of their rulers beyond the wretched rubble heaps of their cities. The Darmstädters celebrate their city and themselves as the city of critical minds. They organize international holiday courses on modern music, music weeks in Kranichstein and the Heinerfest. They set up Darmstadt conferences and award the Georg Büchner Prize.

Nursery of the empire

The earldoms of the Frankish kingdom were a nursery for the Holy Roman Empire of the German Nation (starting with Otto the Great). As early as the 8th century, the Frankish King Charlemagne had raised the monasteries of Fritzlar, Fulda, Hersfeld and Lorsch to the status of abbeys under imperial protection. He used the gentle, sweet yoke of Christ as the basis for establishing national order, which, as we know, caused a great deal of misery for the Saxons.

And now everything is clearer; it all comes into focus. The history of Hesse begins to take shape, and the counts of the region step into the picture. The political patching of the map, caused by the affairs of powerful families, broke down into ever new and surprising patterns of color, like a kaleidoscope image. Marriage contracts and wills became the instruments of Hessian territorial power.

également des humeurs des landgraves, des princes-électeurs et des ducs qui furent leurs maîtres. Le malheur commença avec le testament d'un landgrave. Des litiges successoraux provoquèrent la guerre de Hesse qui s'acheva par le partage du pays en Hesse-Kassel et Hesse-Darmstadt. Les landgraves vendaient à des chefs d'armées des enfants qu'ils avaient racolés dans les campagnes. Les paroles laconiques des chasseurs d'hommes après une bonne razzia: «En avant pour Kassel!», sont aujourd'hui employées par la ville comme slogan de publicité et cela avec une candeur admirable! L'heritage princier est encore plus imposant à Kassel en guise de Darmstadt. Dans le quartier de Wilhelmshöhe, les cascades qui forment un escalier géant de 885 marches, l'octogone grandiose couronné d'un Hercule en cuivre de près de 10 mètres de hauteur, le château de Wilhelmshöhe ainsi que ceux du Löwenburg et de Wilhelmsthal (œuvre de François Cuvilliés) forment un ensemble architectural incomparable. Selon l'historien d'art Georg Dehio, cet ensemble réunit à merveille l'aménagement du paysage et l'architecture baroque. Il reçoit un million de visiteurs par an. Le souvenir de la magnificence irrationnelle des anciens maîtres du pays a soutenu les habitants de Kassel et de Darmstadt quand ils se sont retrouvés devant leurs villes detruites par les bombardements. Aujourd'hui aux habitants de Darmstadt, complimentent leur ville et eux-mêmes en l'appelant la résidence des esprits critiques. Ils organisent pendant l'été des séminaires internationaux de Nouvelle Musique; ils ont créé les Semaines de la Musique à Kranichstein, la fête Heiner et les Débats de Darmstadt. Ils décernent aussi le prix Georg Büchner.

Le berceau de l'Empire

Depuis Otto le Grand, les provinces du royaume franc étaient le berceau du Saint Empire romain germanique. Au 8e siècle, Charlemagne éleva les

stirbt die Linie aus. Hessen wird der Herzogin Sophie, einer Tochter der heiligen Elisabeth, für deren Sohn Heinrich zugesprochen: das Kind von Brabant. Das ist noch nicht das ganze Hessen, aber doch Hessen, eine Landgrafschaft, von König Adolf zur Stärkung der eigenen Macht in ein Reichsfürstentum umgewandelt. 400 Jahre geht das so weiter. Die Landesväter kabbeln sich mit dem Mainzer Erzbischof, dehnen sich aus, teilen. Einer wird mit fünf Jahren Landgraf. Mit 14 übernimmt er die Regierungsgeschäfte – ein erstaunlicher Knabe. Er führt die Reformation in Hessen ein, gründet die erste evangelische Universität (Marburg) und lebt mit zwei Gattinnen. Philipp der Großmütige gibt der hessischen Geschichte die endgültige Wendung: 1567 teilt er das Land unter seine Söhne.

Alles zu spät – die Hessen kommen!

In ihren eigenen kriegerischen Unternehmungen waren die Landgrafen von Hessen-Kassel weniger erfolgreich, als die von Hessen-Darmstadt, weil sie sich beharrlich die falschen Waffenbrüder aussuchten. In den Kriegen Ludwigs XIV. stellten sie sich gegen Frankreich, was zur Folge hatte, daß ihre Residenzstadt von französischen Truppen viermal besetzt und zweimal belagert wurde. Im Siebenjährigen Krieg verbündete sich Kassel mit England und im Ersten Koalitionskrieg mit Preußen und England gegen Frankreich, was vorübergehend das ganze Land kostet. Die Episode ist ein bunter Farbtupfer im Geschichtsunterricht. Hessen-Kassel ging im Königreich Westfalen auf und wurde von Napoleons Bruder Jérôme („König Lustik") mit Sitz im Schloß Wilhelmshöhe regiert.

Die Kassler Landgrafen vermieteten hessische Armeen zu allen Kriegsschauplätzen Europas. Einer erregte Aufmerksamkeit und kam häßlich ins Gerede: Wilhelm VIII. hatte im Österreichischen Erbfolgekrieg Österreicher und Preußen mit

The story begins in 1137 with Ludwig I of Thuringia. His marriage to Hedwig von Gudensberg included a number of extra latifundia. 100 years later, the line died out. Hesse was promised to Duchess Sophie, a daughter of Saint Elizabeth, for her son Heinrich. Indeed, it was not all of Hesse, but at least part of it a landgraviate converted to an electorate by King Adolf in order to strengthen his own power.

And so things continued for 400 years. The rulers quarreled with the Archbishop of Mainz, extended their power, divided their territory. One of them became a landgrave at the age of 5.At 14, het tok over the business of government – an amazing lad. He introduced the Reformation to Hesse, founded the first Protestant university (Marburg) and lived together with two wives. Philip the Magnanimous set the final twist to Hessian history in 1567, he divided the land among his sons.

It's too late - the Hessians are coming!

The landgraves of Hesse-Kassel were less successful in their own military undertakings as the Hesse-Darmstadt landgraves, because they persistently sought out the wrong allies. In the wars of Ludwig XIV, they fought against France, with the consequence that their royal seat was occupied four times by French troops and besieged twice. Kassel formed an alliance with England against France in the Seven Years War and with Prussia and England against France in the coalition war, which temporarily cost the rulers their entire land. This episode provides a bit of color in history class: Hesse-Kassel disappeared into the kingdom of Westphalia and was governed by Napoleons brother Jerome (the "jolly king") who set up headquarters in Wilhelmshöhe Castle.

The Kassel Landgraves rented Hessian armies for use in every theater of war in Europe. One of them drew attention, thereby earning a despicable

cloîtres de Fritzlar, de Fulda, de Hersfeld et de Lorsch au rang d'abbayes royales. Il se servit du doux et gentil Jésus pour assurer l'ordre et son pouvoir. Certains, comme les Saxons, en pâtirent énormément. L'histoire de la Hesse s'esquissa à partir de cette époque. Les comtes des provinces entrèrent en jeu. Des affaires de famille modifièrent la carte historique. Les morcellements politiques se désintégrèrent commes les images d'un kaléidoscope qui prendraient sans cesse de nouvelles couleurs surprenantes. Contrats de mariage et testaments devinrent les instruments de la puissance territoriale hessoise. Un certain Louis I de Thuringe ouvrit la danse en l'an 1137. Il épousa Hedwige von Gudensberg qui lui apporta de nombreuses terres en prime. La lignée s'éteignit cent ans plus tard. La duchesse Sophie, une fille de Sainte Elisabeth, reçut la Hesse pour son fils Heinrich: l'enfant de Brabant. Le territoire ne comprenait pas encore toute la Hesse actuelle, mais il s'appelait déjà la Hesse, un landgraviat que le roi Adolf avait transformé en principauté pour renforcer son pouvoir. Cet état de choses dura 400 ans. Les régnants se querellèrent avec l'archevêque de Mayence, agrandirent leurs possessions et partagèrent. L'un d'eux devint landgrave à l'âge de cinq ans et prit les affaires de l'Etat en mains quand il en eut quatorze. C'etait un adolescent étonnant qui introduisit la Réforme en Hesse, fonda la première université protestante (Marburg) et vécut avec deux épouses. En 1567, Philippe le Magnanime partagea le pays entre ses fils: l'histoire de la Hesse prit sa dernière tournure.

Trop tard - les Hessois arrivent!

Les landgraves de Hesse-Kassel eurent beaucoup moins de succès dans leurs propres que les landgraves de Hesse-Darmstadt entreprises guerrières car ils avaient toujours la malchance de s'associer aux faux frères d'armes. Ils luttèrent contre la France durant les guerres de Louis XIV et virent leur capitale occupée quatre fois et assiégée deux fois par les troupes françaises.

Truppenkontingenten unter die Arme gegriffen. Es läßt sich zu seiner Entschuldigung schwerlich unterstellen, er hätte übersehen, daß sich die Regierungen beider Länder feindlich gegenüberstanden. Immerhin hatte er die verschacherten Soldaten zuvor noch anwerben lassen. Nachfolger Friedrich II. zog sie ein. Auch er war bei der Durchsetzung seiner Absichten nicht zimperlich. Der Zeitgenosse Schiller hat eine Szene beschrieben, wie sie wahrscheinlich gang und gäbe war: „Es traten wohl so etliche vorlaute Burschen vor die Front heraus und fragten den Obersten, wie teuer der Fürst das Joch Menschen verkaufe? – aber unser gnädigster Landesherr ließ alle Regimenter auf dem Paradeplatz aufmarschieren und die Maulaffen niederschießen."

Rekrutierte Landeskinder kämpften in den nordamerikanischen Befreiungskriegen auf seiten der britischen Kolonialmacht. Die englische Regierung zahlte für das Hilfskorps von 12000 Mann jährlich 450000 Taler. Der Landgraf kassierte 20 Millionen Taler, finanzierte den Bau schöner Schlösser und hinterließ ein beträchtliches Vermögen.

reputation: In the Austrian War of succession, Wilhelm VIII came to the aid of the Austrians and Prussians by providing them with contingents of troops. It can hardly be said in his defence that he overlooked the belligerent relations between the governments of the two countries. After all, he had recruited the pawned soldiers beforehand. They were conscripted by his successor, Friedrich II, who had no qualms about implementing his plans, either. His contemporary, Schiller, described a scene which was probably quite common at the time: "Several cheeky lads stepped forward and asked the colonel,what price would the prince accept for an acre of men? Whereupon our gracious ruler had all the regiments march across the parade ground, and the gawkers were shot."

Recruited peasant boys fought on the side of the British Colonial power in the North American War of Independence. The English government paid an annual sum of 450,000 talers for the auxiliary corps of 12,000 troops. The landgrave took in 20 million talers, financed the construction of beautiful castles and left behind a considerable estate when he died.

Dans la guerre de Sept Ans, Kassel s'allia à l'Angleterre et dans la première guerre de Coalition à l'Angleterre et à la Prusse contre la France, avec pour résultat la perte momentanée de tout le pays. La Hesse-Kassel se retrouva intégrée au royaume de Westphalie. Son roi était Jérôme, le frère de Napoléon qui gouverna depuis le château de Wilhelmshöhe.
Les landgraves de Kassel louèrent leurs armées à tous les Etats européens en guerre. L'un d'eux, Wilhelm VIII, attira les foudres de deux pays sur lui. Au cours de la guerre de Succession autrichienne, il envova des contingents à l'Autriche et à la Prusse et prétendit ensuite qu'il avait oublié que les deux gouvernements étaient en conflit. Après tout, il avait fait recruter les soldats bazardés avant le début des hostilités.

Des enfants racolés dans les campagnes combattirent au côte des troupes coloniales anglaises pendant la guerre d'Indépendance américaine. Le gouvernement anglais payait 450000 thalers par an pour une troupe de 12000 hommes. Le landgrave encaissa 20 millions de thalers, finança la construction de châteaux fastueux et laissa une grosse fortune à sa mort.

Frankfurt am Main ist die größte Stadt in Hessen, nicht die hessische Hauptstadt, aber die lebendigste, fleißigste, kultivierteste und übermütigste Stadt im Land - Metropole und Wirtschaftsgigant im Ballungsraum des Rhein-Main-Dreiecks. Frankfurt ist eine Stadt der Superlative. Es gibt dort die höchsten Häuser, die ehrwürdigste Vergangenheit. Die Gründung an einer Furt durch den Main ist legendär. Frankfurt beherbergt jährlich 50 internationale Messen und veranstaltet mehr 150 Kunstausstellungen, Börsen und Basare.

Frankfurt am Main is the largest city in Hesse. It is not the Hessian capital, but it is the most vibrant, hard-working, cultured and boisterous city in the state - a metropolis and economic giant in the industrial region of the Rhine-Main Triangle. Frankfurt is a city of superlatives. It has the tallest buildings, the most banks, the most expensive real estate, the highest rents and the most distinguished past. Each year, Frankfurt hosts 50 international trade fairs and organizes more than 150 art exhibitions, stock markets and bazaars.

Bien qu'elle n'en soit pas la capitale, Francfort sur le Main est la plus grande ville de Hesse. Elle est aussi la ville la plus animée, la plus culturelle, la plus progressive et la plus active du land. Elle est une métropole et une cite économique géante dans la région entre le Rhin et le Main. On y trouve les plus grands immeubles, la plupart des banques, les terrains à bâtir les plus chers et les loyers les plus élevés. Chaque année, Francfort abrite 50 foires internationales et organise plus de 150 expositions d'art.

In der Bildmitte der Römerberg mit dem Rathaus („Römer") und den liebevoll rekonstruierten spätmittelalterlichen Bürgerhäusern Großer Engel, Goldener Greif und Schwarzer Stern; links der Turm der Nikolaikirche, rechts die klassizistische Paulskirche, Stätte der deutschen Nationalversammlung in den Jahren der Revolution von 1848 und 1849; - links vorn die neue Schirn Kunsthalle der Stadt. Die Fachwerkfassaden am Römerberg wurden nach historischen Abbildungen rekonstruiert.

The centre of the picture shows Römerberg with the Town Hall ("Römer") and the carefully reconstructed, late Medieval town houses: Großer Engel, Goldener Greif and Schwarzer Stern; to the left stands the Nikolaikirche tower, to the right the classical Paulskirche, site of the German National Assembly during the revolutionary years from 1848 to 1849 and on the left front the city's new Schirn Centre for the Arts. The frame-work houses on Römerberg were reconstructed on the basis of historical illustrations.

Au centre de la photographie, la place Römerberg avec l'Hôtel de Ville appelé Römer et les maisons bourgeoises admirablement reconstruites de style médiéval tardif. A gauche, le clocher de l'église Saint-Nicolas; sur la moitié droite de la photo, l'église Saint-Paul de style classique où la première Assemblée Nationale siégea pendant les années de la Révolution 1848-1849. Devant à gauche, le nouveau Kunsthalle (galerie d'art de la ville). Les façades à colombages de la place Römerberg ont été reproduites d'après des gravures historique.

Apfelwein ist das Frankfurter Volksgetränk, Sachsenhausen am linken Mainufer das Apfelweinviertel - „Äppelwoi" sagen die Frankfurter, und „Dribdebach". Das alte Sachsenhausen ist eine einzige große Wirtschaft mit annähernd 100 gemütlichen und originellen Stuben und Hinterhöfen. Manche Apfelweinkneipen sind in den Ländern der westlichen Welt so berühmt wie das Hofbräuhaus in München oder der Drosselhof in Rüdesheim. Die Frankfurter weichen vor so viel Begeisterung in bislang noch weniger populäre Wirtshäuser des Apfelweinviertels aus.

Cider is the traditional drink of Frankfurt; and Sachsenhausen, on the left bank of the Main, is the cider quarter ("Äppelwoi", as the Frankfurters call it) and also known as "Dribdebach". Old Sachsenhausen is one big tavern with almost 100 unique, cosy pubs and courtyards. Some cider pubs are as famous throughout the West as the Hofbräuhaus in Munich or the Drosselhof in Rüdesheim. In the face of all this enthusiasm, the natives retreat to other taverns in the cider quarter which have not yet become so popular.

Sachsenhausen, situé sur la rive gauche du Main, est le haut lieu du vin de pommes - «Äppelwoi» - ainsi que les habitants de la ville appellent leur boisson nationale. Le vieux-Sachsenhausen est un immense débit de boissons composé d'une centaine de cafés sympathiques et pittoresques. Certains sont aussi réputés dans le monde que les brasseries Hofbräuhaus à Munich ou Drosselhof à Rüdesheim et si touristiques que les habitants de Francfort doivent se réfugier dans les établissements qui n'ont pas encore été découverts.

FRANKFURT-HÖCHST, Altstadt

Die Höchster Altstadt ist ein lebendiges Freilichtmuseum mit Fachwerkhäusern und einladenden Wirtschaften. Die selbstbewußte Stadt gehört heute zu Frankfurt und ist ein Stadtteil seit 1928. Der Schloßturm einer Wasserburg aus dem 14. Jahrhundert ist ein Wahrzeichen der Stadt Höchst, die seit 1355 Handelsplatz an Main und Nidda ist. Der Bergfried hat alle Zerstörungen durch Krieg und Restauration überstanden, indes vom Renaissanceschloß der Mainzer Erzbischöfe ist nur der vierte Teil übriggeblieben (heute ein Museum für Heimatkunde).

FRANKFURT-HÖCHST, Old town

The old part of Höchst is a living open-air museum with framework houses and inviting taverns. The self-confident city now belongs to Frankfurt; it has been a city district since 1928. The tower of a Wasserburg (castle built in the water) dating back to the 14th century, is the symbol of the town of Höchst (since 1355), a trading centre on the Main and Nidda rivers. The castle keep survived all attempts to destroy it by war and during Restoration. However, only a quarter of the Renaissance castle of the Archbishop of Mainz has survived.

FRANKFURT-HÖCHST, Vieille ville

La vieille ville de Höchst est un véritable musée en plein air avec ses maisons à colombages et ses auberges accueillantes. La tour d'un château du 14e siècle domine la physionomie de l'ancienne ville de Höchst, cité de commerce sur le Main et la Nidda depuis 1355 et rattachée à Francfort en 1928. Le donjon a survécu à toutes les dévastations des guerres alors que le château Renaissance des archevêques de Mayence était détruit aux trois quarts. Il abrite aujourd'hui le Musée des Arts populaires.

Der Kaiser Wilhelm hat Bad Homburg geliebt, vor ihm die Landgrafen, nach ihm der König von Siam, der Zar und der Prince of Wales. Sie alle haben dem berühmten Heilbad ein repräsentables Andenken hinterlassen: der deutsche Kaiser das Kaiser-Wilhelm-Bad mit Bronzedenkmal, Zar Nikolaus II. die Russische Kapelle, der König Chualongkorn einen siamesischen Tempel. – Die Saalburg (einzig wiederaufgebautes Limeskastell) ist ein rekonstruiertes Römerlager auf der Paßhöhe bei Bad Homburg, gefördert von Kaiser Wilhelm II.

Emperor Wilhelm loved Bad Homburg; before him, it was the landgraves and after him the King of Siam, the Czar and the Prince of Wales. They all left behind a reminder of themselves in the famous spa: the German Emperor left the Kaiser Wilhelm Baths as a memorial, Czar Nicholas II the Russian Chapel, King Chualongkorn a Siamese temple. – Saalburg castle (the only restored Roman Limes castle) is a reconstructed Roman camp in the pass near Bad Homburg, a project promoted by Emperor Wilhelm II.

L'empereur Guillaume adorait Bad Homburg. Avant lui, les landgraves et après lui, le roi de Siam, le tsar de Russie et le Prince de Galles l'aimèrent tout autant. Chacun d'eux y a laissé un monument. L'empereur allemand a fondé le Kaiser-Wilhelm-Bad (établissement thermal), le tsar Nicolas II la chapelle russe, le roi Chualongkorn le temple siamois. – La Saalburg est le seul castel reconstitué de la ligne du Limes. L'empereur Guillaume II encouragea la reconstruction de l'ancien poste fortifie romain situé près de Bad Homburg.

Der Große Feldberg ist der höchste Taunushügel (880 Meter) - im Sommer Wanderrevier, im Winter verhältnismäßig sicheres Skigebiet. Auf dem kahlen Gipfelplateau gibt es einen Fernsehturm (70 Meter), einen Aussichtsturm mit Wetter- und Erdbebenwarte (70 Meter) und ein Hotel. – Idstein im Wörsbachtal am Nordwestabhang des Taunus bewahrt und pflegt hingebungsvoll die mittelalterliche Gestalt. Die kleine Stadt, reich an Fachwerk und Schnitzereien, geschweiften Giebeln und Haubenlaternen, war Residenz und Grablege der Grafen von Nassau-Idstein.

The Große Feldberg is the highest elevation in the Taunus (880 meters) - a popular hiking spot in summer and a relatively safe skiing area in winter. The bare plateau on its peak contains a television tower, an observation tower with weather and earthquake station and a hotel. – Idstein in the Wörsbach valley on the northwestern slopes of the Taunus, is devoted to the preservation and cultivation of its medieval character. The town, rich in framework houses and carvings, was the final resting place of the counts of Nassau-Idstein.

Le Grand Feldberg est le plus haut massif du Taunus (880 m). On peut y faire des randonnées en été et du ski en hiver. Une tour de télévision (70 m), un observatoire météorologique et sismique (70 m) et un hôtel se dressent sur le plateau aride. – Idstein, située dans la vallée du Wörsbach sur un versant nord-ouest du Taunus, a conservé sa physionomie médiévale. La charmante ville ancienne aux nombreuses maisons à colombages était autrefois le résidence des comtes, plus tard princes de Nassau-Idstein.

Wiesbaden liegt in einer Mulde zwischen Taunus und Rhein. Das Schicksal der eleganten Stadt sind die Quellen (27 Natrium-Chloridthermen, 38 bis 67 Grad heiß). Die Badetradition ist seit Römerzeiten nachgewiesen. Wiesbaden ist hessische Hauptstadt und Kongreßstadt. Auf den Rang einer Weltkurstadt hat sie aus eigenem Ermessen verzichtet. Die Stadt besitzt aber noch das Kurhaus sowie Anlagen und Kliniken und ist Standort der Klinik für Diagnostik. Das Kurzentrum wurde an den Stadtrand verlagert. Und die Quellen sprudeln fort.

Wiesbaden lies in a hollow between the Taunus mountains and the Rhine. The fate of this elegant town lies in its springs (27 sodium chloride hot springs, at a temperature of 38 to 67 degrees Celsius). The tradition of taking the waters goes all the way back to the Romans. Wiesbaden is the Hessian capital and a convention centre. It has deliberately rejected the status of international health resort. However, the city still has the spa house and facilities as well as clinics. The spa was removed to the outskirts of the town.

Wiesbaden s'étend dans une dépression de terrain entre le Taunus et le Rhin. Les sources ont scellé le destin de la ville élégante. Elles sont au nombre de 27 avec des eaux chlorurées sodiques à la température allant de 38 à 67 dégréés et étaient déjà utilisées par les Romains. Wiesbaden est la capitale de Hesse et une ville de congrès. Elle a renoncé à se hausser au niveau d'une ville d'eaux de réputation mondiale. Mais elle possède encore le Kurhaus de style Belle Epoque ainsi que des établissements thermaux et des cliniques modernes.

Das Wiesbadener Staatstheater mit stattlichem Säulenportikus ist, wie das Kurhaus und einige Hotels, ein Repräsentationsbau der Kaiserzeit. Architekten waren zwei in ganz Europa bekannte Spezialisten für Theaterbauten: Ferdinand Fellmer und Hermann Helmer. Bereits im Jahr nach der Einweihung wurden im Glanz kaiserlicher Gnaden die Wiesbadener Maifestspiele eröffnet. Die Maifestspiele mit gastierenden Bühnenensembles aus aller Welt finden heute noch internationale Beachtung. Sie sind Höhepunkt des Wiesbadener Kulturlebens.

The Wiesbaden State theatre is a representative building dating back to imperial times, along with the spa building and some of the hotels. Two of its architects were known throughout Europe as specialists in theatre building Ferdinand Fellmer and Hermann Helmer. As early as the first year after the dedication of the theatre, the Wiesbaden May festivals were opened in all the glory of imperial grace. The May Festival still takes place and draws world attention. It forms the high point of Wiesbaden culture.

Le théâtre à l'imposant portail à colonnades est avec le Kurhaus et quelques hôtels, un édifice représentatif de l'époque impériale du début du siècle. Ferdinand Fellmer et Hermann Helmer qui le construisirent, étaient réputés dans toute l'Europe comme architectes spécialisés dans la construction de théâtres. Une année après son inauguration, l'empereur ouvrait le premier festival de Mai de Wiesbaden. Cette manifestation qui rassemble des ensembles théâtraux du monde entier a encore aujourd'hui une réputation internationale.

Von den harmlosen Äskulapnattern kommt der Name: Das Hessische Staatsbad Schlangenbad im entlegenen Taunuswinkel (aber doch nur zehn Kilometer von Wiesbaden entfernt) war auch einmal Parkett der europäischen Hocharistokratie. Die Grafen von Katzenelnbogen und die von Nassau waren einmal sehr reich und sehr mächtig. Sie bekämpften und mißtrauten einander. Ihre Werke haben sie in Namen und Ruinen überlebt. Die Grafen von Katzenelnbogen ließen Ende des 12. Jh. auf schroffer Felsenhöhe im Aartal die Burg Hohenstein bauen.

The name comes from the harmless snakes of Aesculapius: the Hessian State Baths of Schlangenbad (snake baths), situated in a remote corner of the Taunus (and yet only ten kilometres from Wiesbaden) was once the playground of the European aristocracy. The counts of Katzenelnbogen and those of Nassau were once very rich and very powerful. They fought with each other and were mistrustful of one another. In the late 12th century, the counts of Katzenelnbogen built Hohenstein Castle on an abrupt precipice in the Aar Valley.

Le nom vient de la couleuvre innocente d'Esculape: la ville d'eaux hessoise de Schlangenbad qui s'étend dans un coin reculé du Taunus, était jadis le rendez-vous de l'aristocratie européenne. Les comtes de Katzenelnbogen et ceux de Nassau étaient très riches et très puissants. Ils se méfiaient les uns des autres et se combattaient sans cesse. Des deux dynasties, il ne reste plus que les noms et des ruines. Au 12e siècle, les comtes de Katzenelnbogen firent construire le château-fort de Hohenstein sur un rocher escarpé dans la vallée de l'Aar.

Die Zisterzienser von Kloster Eberbach im Kisselbachtal waren die Lehrmeister des Rheingauer Weinbaus. Das Kloster (1803 säkularisiert und heute Hessische Staatsdomäne) ist eine beeindruckende Anlage mittelalterlicher Klosterarchitektur mit Pförtnerhaus, romanischer Klosterbasilika (Grabdenkmale der Mainzer Erzbischöfe Gerlach und Adolf II. von Nassau). – Nach dem Wiener Kongreß kam Schloß Johannisberg durch kaiserliche Schenkung an Staatskanzler Clemens von Metternich. Der 50. Breitengrad geht über den Johannisberger Rebenhügel.

The Cistercian monks of Eberbach Monastery in the Kisselbach valley were the masters of Rheingau viticulture. The monastery (secularised in 1803 and now owned by the State of Hesse) is an impressive example of Medieval monastery architecture, with its gatehouse, Romanesque basilica (tombs of the Archbishops of Mainz, Gerlach and Adolph II). – After the Vienna congress, castle Johannisberg fell into the hands of State Chancellor Clemens von Metternich as a gift from the Emperor. The 50th Parallel passes through the Johannisberg vineyards.

Autrefois, la culture de la vigne dans le Rheingau était entre les mains des Cisterciens de l'abbaye d'Eberbach. Le cloître, sécularisé en 1803 et aujourd'hui propriété de l'Etat hessois, est un bâtiment d'architecture médiévale avec une maison de gardien, une basilique romane (aves les tombeaux de Gerlach et d'Adolf II von Nassau, archevêques de Mayence). – Après le congrès de Vienne, l'empereur offrit le château Johannisberg au chancelier Clemens von Metternich. Le 50e parallèle traverse la colline de vignobles Johannisberg.

NIEDERWALD-DENKMAL am Rhein

Die Seilbahnen befördern jährlich etwa eine dreiviertel Million Freizeitmenschen über berühmte Weinlagen von Rüdesheim und Assmannshausen zum Niederwald-Denkmal. Die Monumentalstatue der Germania symbolisiert die Einheit des neuen Deutschen Reiches nach dem Deutsch-Französischen Krieg von 1871.

Each year, the cable railway alone transports around three-quarter of a million holiday-makers over the famous vineyards to the Niederwald Memorial. The statue of Germania symbolises the unity of the new German Empire after the French-German War of 1871.

Le funiculaire transporte annuellement trois quarts de million de touristes au-dessus des vignobles réputés jusqu'au monument du Niederwald. La statue gigantesque de Germania symbolise l'union du nouvel Empire allemand après la guerre de 1871 entre la Prusse et la France.

Mäuseturm im Rhein

Die Sage hat dem Mäuseturm einen falschen Namen gegeben. In Wahrheit war das Bauwerk (15. Jh.) ein Mautturm (Zollturm). Die Burgruine Ehrenfels auf der rechten Rheinseite war in Kriegen des 15. Jahrhunderts Aufbewahrungsort des Mainzer Domschatzes.

After being handed down for generations, the name „Mäuseturm" has become a misnomer. In reality, the structure (15th century) was a „Mautturm" (toll tower). The ruined castle of Ehrenfels on the right bank of the Rhine was where the riches of the Mainz Cathedral were hidden during the wars of the 15th century.

La légende a donné un faux nom au Mäuseturm qui signifie tour des souris. En vérité, l'édifice construit au 15e siècle était un Mautturm ou tour des douanes. Durant les guerres du 15e siècle, le château en ruine d'Ehrenfels, sur la rive droite du Rhin, servait d'abri au trésor de la Cathédrale de Mayence.

LINDENWIRT
SCHLOSS
BAR

◁ RÜDESHEIM/RHEIN , Drosselgasse

In der Rüdesheimer Drosselgasse gibt es Sitzplätze für 3500 Zecher, 400 im Drosselhof, 1200 beim Lindenwirt. Die Besucherzahl läßt sich zuverlässig nicht einmal schätzen. Vermutlich besuchen jährlich drei Millionen Menschen die Drosselgasse, die etwa 150 Meter lang ist.

On Drosselgasse in Rüdesheim there are enough seats for 3,500 revellers, 400 at the Drosselhof, 1,200 at Lindenwirt. It is believed that approximately three million people visit Drosselgasse each year, which is approximately 150 meters long.

La Drosselgasse de Rüdesheim comprend 3500 places assises, 400 au Drosselhof et 1200 chez le Lindenwirt. On estime que chaque année, trois millions de personnes viennent dans la Drosselgasse longue de 150 mètres.

DARMSTADT, City ▷

Im kunstsinnigen, lebensfrohen Darmstadt haben über die Kriegszerstörung hinaus die glanzvollen Epochen der Vergangenheit bleibende Spuren hinterlassen. Das Schloß war Residenz der Landgrafen von Hessen-Darmstadt.

In the art-loving, joie-de-vivre city of Darmstadt, the glorious eras of the city's history have left lasting traces which go beyond the devastation of war. The castle was the royal seat of the landgraves of Hesse-Darmstadt.

Malgré les dévastations des guerres les époques brillantes du passé ont laissé des traces dans cette ville qui respire la joie de vivre. Le château était la résidence des landgraves de Hesse-Darmstadt.

Die Russische Kapelle auf der Mathildenhöhe wird heute noch zu serbisch-orthodoxen Gottesdiensten genutzt. Der letzte Zar Nikolaus II. ließ sie am Ende des Jahrhunderts von seinem Petersburger Hofarchitekten für persönliche Andachten bauen. Der Zar war der Schwager des letzten hessischen Großherzogs Ernst-Ludwig, der in Darmstadt eine Künstlerkolonie gründete. – Heppenheim ist Luftkurort. An den Hängen oberhalb der Stadt gedeihen fruchtige, frische Weine der Bereichslage Starkenburg.

The Russian Chapel on the Mathildenhöhe is still used today for Serbian orthodox religious services. At the end of the century the last Czar, Nicholas II, commissioned his royal architects in Petersburg to build it for his personal religious prayers. The Czar was the brother-in-law of the last Hessian Grand Duke, Ernst Ludwig, who founded an artists' Colony in Darmstadt. – Heppenheim is a fresh-air health resort. The fruity wine grapes of the regional vineyard of Starkenburg thrive on the slopes above the town.

Des services religieux serbo-orthodoxes se déroulent toujours à l'intérieur de la chapelle russe située dans le quartier de Mathildenhöhe. A la fin du siècle dernier, le tsar Nicolas II la fit construire par l'architecte de la cour de Saint-Petersbourg pour son usage personnel. Le tsar était le beau-frère du dernier grand-duc hessois Ernst-Ludwig qui fonda une colonie d'artistes dans la ville. – Heppenheim est une station climatique. Les vignobles produisant le vin fruité de Starkenburg poussent sur les versants au-dessus de la ville.

HEPPENHEIM/Bergstraße, Rathaus

Fachwerkhäuser umgeben den Marktplatz von Heppenheim mit dem Sandsteinbrunnen nebst Statue der Immaculata beherrschend das Rathaus mit Schieferturm und Glockenspiel sowie das Haus Goldener Engel und die Apotheke, in der Justus von Liebig als Lehrling angestellt war.

Framework houses surround the marketplace of Heppenheim. The square is dominated by the town hall, with its slate tower and carillon, as well as by the Goldener Engel house and the pharmacy where Justus von Liebig worked as an apprentice.

Des demeures à colombages entourent la place du Marché de Heppenheim ou se dresse une fontaine en grès. L'Hôtel de ville avec sa tour en ardoise et son carillon, la maison appelée «Goldener Engel» et la pharmacie ou le chimiste Justus von Liebig fut apprenti, dominent la place pittoresque.

MICHELSTADT im Odenwald

Michelstadt, ebenfalls mit sieben Feriendörfern ringsum (sprich: Stadtteilen) ist im Altstadtkern ein Paradies Odenwalder Fachwerkseligkeit. Der gotische Westgiebel des Rathauses ist (ausgenommen Einbau der Uhr) seit einem halben Jahrtausend nicht verändert worden.

The old downtown of Michelstadt, also surrounded by seven village resorts (town districts), is a marvel of Odenwald framework architecture. The Gothic western gable of the town hall has not changed in 500 years (except for the installation of the clock).

Michelstadt est aussi une ville de villégiature regroupant sept anciens villages. Avec ses maisons à colombages, le cœur de la ville présente la physionomie typique des localités de la région. Le pignon ouest de style gothique de l'Hôtel de Ville n'a pas changé depuis plus de cinq cents ans (hormis l'horloge ajoutée ultérieurement).

OBRIGHEIM

Hirschhorn liegt sehr malerisch an einer Neckarschleife (25 Kilometer flußaufwärts von Heidelberg). Die vielbewunderte alte Stadt gleicht einer Kulisse ihrer eigenen Vergangenheit. – Offenbach gleicht in vielem einem kleineren Bruder Frankfurts auf der linken Mainseite. Offenbach ist ebenfalls Industrie- und Messestadt, bedeutend als Zentrum der Lederwarenindustrie und Gastgeber einer internationalen Lederwarenmesse.

Hirschhorn is a picturesque town on a loop of the Neckar river (25 kilometres upstream from Heidelberg). The much-admired old town resembles a backdrop of its own history. – In many aspects, Offenbach is like a younger brother of Frankfurt on the left bank of the Main. Offenbach is also an industrial centre and has a trade fair; it is an important centre of the leather goods industry and hosts an international leather trade fair.

Hirschhorn est joliment située sur une boucle du Neckar à 25 kilomètres en amont d'Heidelberg. La ville ancienne tant admirée a conservé le décor de son passé. La tour de l'église du Marché était la porte de la cité au Moyen Age. – Offenbach pourrait être une petite sœur de Francfort sur la rive gauche du Main. Elle a de nombreux points communs avec la métropole: elle est ville d'industries et de foires, un centre important de l'industrie du cuir qui accueille chaque année le salon international du cuir.

Eingang zum
Park über
Schlossterrasse

Schloß Philippsruhe liegt am Mainufer etwas außerhalb der Stadt Hanau am Anfang einer Allee nach Kesselstadt. Die barocke Architektur verrät das Vorbild des französischen Schlosses Clagny. Philippsruhe ist heute Unterkunft für ein historisches Museum und einer Gebrüder Grimm-Sammlung. – In Gelnhausen kann man eine glanzvolle Vergangenheit mit Händen greifen. Die schöne Fachwerkstadt steckt voller Erinnerungen an die Größe der Freien Reichsstadt, die im Mittelalter Frankfurt übertraf. Einzigartig sind die Ruinen der Kaiserpfalz Barbarossas.

Philippsruhe Castle lies on the banks of the Main a short distance from Hanau, at the beginning of the road to Kesselstadt. The Baroque architecture was patterned after French castle of Clagny. Today, Philippsruhe houses a historical museum and the Grimm Collection. – In Gelnhausen, a glorious past is close enough to touch. The beautiful framework town is filled with memories of its glory days as a Free City which surpassed Frankfurt in the Middle Ages. The ruins of Barbarossas imperial palace on the Kinzigaue are unique.

Le château de Philippsruhe s'élève au bord du Main à l'extérieur de Hanau et à l'entrée d'une route qui conduit à Kesselstadt. Le château de Clagny en France fut le modèle de l'édifice à l'architecture baroque. Philippsruhe abrite aujourd'hui un musée historique et la Collection Grimm. – Le passé brillant de Gelnhausen se découvre à tous les coins de rues. Les belles maisons à colombages rappellent le souvenir de la ville libre d'Empire qui était plus importante que Francfort au Moyen Age.

◁ BAD ORB / Hessischer Naturpark

Die winklige alte Fachwerkstadt vermutet man nicht in einem modernen Kurort. Bad Orb ist Kleinstadt und Heilbad in einem und doch sind die Altstadtschenken wie auf dem Reißbrett von den Kurkliniken getrennt.

The old framework town is not what one would expect to find in a modern health resort: small town and medicinal baths - Bad Orb is both at once, and yet like two completely different places: one contains the pubs of the old part of town, the other has the spa clinics.

On ne se douterait pas qu'un centre de cure moderne renferme une ville ancienne pittoresque aux demeures à colombages. Bad Orb est à la fois petite ville et station thermale. Ses deux parties sont bien distinctes: ici, les auberges de la vieille ville et là, les cliniques de cure.

BAD SODEN-SALMÜNSTER ▷

Bad Soden-Salmünster liegt reizvoll im Hessischen Naturpark Spessart. Das Mineralheilbad mit sehenswerter katholischer Kirche empfiehlt sich bei Erkrankungen der Atemwege. Die Parkanlagen gehen fast unmerklich in Wälder über.

Bad Soden-Salmünster is a charming spot in the Hessian Spessart National Park. The mineral baths with an interesting Catholic church is recommended for respiratory ailments. The park grounds blend almost unnoticeably with the forest.

Bad Soden-Salmünster s'étend dans un coin charmant du parc naturel hessois du Spessart. Les maladies des voies respiratoires sont soignées dans la ville d'eaux à l'église paroissiale intéressante. Le parc de la station thermale et la forêt se rejoignent sans lisière visible.

Büdingen ist ein Stück überkommenes Mittelalter im Wetteraukreis, zudem Luftkurort und Garnisonsstadt mit einem bewohnten Schloß des Fürsten Ysenburg (im Bild rechts). Es bietet ein reizvolles Stadtbild mit spätgotischer Marienkirche (Bild links), Wehrmauern, Türmen und Stadttoren. – Friedberg ist Verwaltungszentrum und wirtschaftlicher Mittelpunkt der Wetterau einst genannt die Kornkammer des Heiligen Römischen Reiches Deutscher Nationen und von den jeweiligen Besitzern mit Verteidigungsanlagen gesichert.

Büdingen is a well-preserved piece of the Middle Ages in the district of Wetterau. It is also a fresh-air spa and a garrison city, with an occupied castle belonging to the Prince of Ysenburg (right); charming view of the city with the late Gothic Marienkirche (left), fortified walls, towers and city gates. – Friedberg is the administrative and economic centre of the Wetterau region - once known as the granary of the Holy Roman Empire of the German Nation. The people who occupied it, secured it with fortifications.

Büdingen est une petite ville médiévale dans la région du Wetterau. Elle est aussi station climatique et ville de garnison avec un château habité des princes d'Ysenburg (photo à droite). L'église de Marie en gothique tardif (photo à gauche), les anciens remparts, les tours et les portes donnent à la ville une physionomie charmante. – Friedberg est le centre administratif et économique de la région du Wetterau. La ville était autrefois appelée le grenier à blés du Saint Empire romain germanique et fut entourée d'enceintes fortifiées.

Der Bad Nauheimer Sprudelhof mit Brunnenfontäne ist eine sehenswerte Anlage souveräner Jugendstilarchitektur. Das Hessische Staatsbad im Wetteraukreis am nordöstlichen Taunusrand ist seit der Mitte des 19. Jahrhunderts zum Weltkurbad aufgestiegen. – Das alte Butzbach hat sich viele Erinnerungen bewahrt: Steinzeitfunde im Heimatmuseum, Überreste des Limes mit rekonstruiertem Wachtturm als Andenken an die römische Garnison, Hexenturm und Landgrafengruft sowie den „Goldenen Löwen".

Sprudelhof in Bad Nauheim with its fountains is an interesting complex of masterful Art Nouveau architecture. The Hessian state baths in Wetterau District on the northern edge of the Taunus have been an international health resort since the mid-19th century. – Old Butzbach has preserved many memories: artefacts from the Stone Age in the Museum of Local History, remains of the Limes with reconstructed watch tower to commemorate the Roman garrison, enchanted tower and landgrave tomb as well as the "Goldener Löwe".

Le centre thermal de Bad Nauheim, appelé Sprudelhof, est un splendide ensemble architectural de style Art Nouveau. La station hydrominérale, située dans la région fertile du Wetterau sur le versant nord-est du Taunus, a acquis une réputation internationale depuis le milieu du 19e siècle. – L'ancien Butzbach a conservé nombre de souvenirs: des trouvailles de l'âge de la pierre dans le musée régional, des vestiges de la ligne romaine du Limes avec une tour de guet reconstruite, une tour des sorcières ainsi que le tombeau des landgraves.

ERSTAND·ICH·HEUT·AUS·EICHE·WARD·ICH·EINST·ERB
WIE·IHR·MICH·JETZT·WIEDER·SCHAUT·JUNI·1978
Ich steh nicht nur der Stadt zur Zier der Bürger Wohl ist höchstes mir
Polizei
Parkdeck Tiefgarage P

ALSFELD / nahe Vogelsberg

Alsfeld zwischen Vogelsberg und Schwalmgrund hat sich im Denkmalschutzjahr als Europäische Modellstadt qualifiziert. Die Stadt verdankt ihre Bedeutung der Lage an der Handelsstraße von Frankfurt nach Thüringen.

Alsfeld, which lies between Vogelsberg and Schwalmgrund, qualified as a model European city in the Year of Historical Monuments. The town's importance is based on its location on the trade route between Frankfurt and Thuringia.

Alsfeld a été classée ville modèle européenne dans le cadre de l'année de la protection des monuments. La ville acquit autrefois de l'importance grâce à sa situation sur la route de commerce entre Francfort et Thuringe.

Mittelalterliche Stadt SCHLITZ

Die Grundrißstruktur der ehedem selbständigen Grafschaft Schlitz läßt auf Wehrhaftigkeit der Erbmarschälle von Schlitz schließen.

The ground plan of what was once the independent principality of Schlitz provides insight into the military ingenuity of the hereditary marshals of Schlitz.

Les maréchaux héréditaires de Schlitz savaient se défendre ainsi que le montrent les structures de l'ancien comté indépendant de Schlitz.

Gepflegte Fachwerkhäuser, zwei Schlösser aus der Renaissance und die Stadtkirche in Stil des Rokoko bestimmen das Bild der Stadt. Der Töpfermarkt, am ersten Wochenende im September und das Gildefest, alle zwei Jahre am ersten Wochenende im September veranstaltet, haben ebenfalls Tradition. – Der barocke Dom zu Fulda, geweiht 1712 verdrängte die karolingische Klosterkirche aus dem Beginn des 9.Jahrhunderts. Diese dreischiffige Basilika war Jahrhunderte hindurch das größte Gotteshaus südlich der Alpen.

Neat half-timbered houses, two Renaissance palaces and the rococo parish church are typical features of the townscape. The Pottery Fair, held during the first week-end in September, and Guild Festival, held during the same period every second year, are both traditional events. – The Baroque cathedral of Fulda, dedicated in 1712, replaced the Carolingian monastery church dating back to the early 9th century. For centuries, this triple-knave basilica was the largest church south of the Alps.

Les maisons à colombages, deux châteaux de la Renaissance et l'église en style rococo dominent la ville. La foire de poteries, qui a lieu le premier week-end en septembre, et le festival des corporations, qui a lieu tous les deux ans dans la même période, ont une longue tradition. – La cathédrale baroque de Fulda, consacrée en 1712, a évincé l'église de cloître carolingienne construite au début du 9e siècle. Cette basilique à trois nefs resta durant des siècles la plus grande maison de Dieu au nord des Alpes.

FULDA, Altes Rathaus

Marktrechte hat Fulda seit annähernd tausend Jahren, einige der zahlreichen Fachwerkhäuser stammen noch aus dem späten Mittelalter. Das alte Fuldaer Rathaus mit reichem Fachwerkschmuck ist ein spätgotisches Bauwerk (Ende 13. Jahrhundert).

Fulda has had market rights for almost a thousand years; some of the numerous framework houses date back to the late Middle Ages. The old Fulda Town Hall, richly decorated with framework designs, is a building from the late Gothic period (late 13th century).

Fulda a le droit de tenir marché depuis près de mille années. Quelques-unes des maisons à colombages datent de la fin du Moyen Age. L'ancien Hôtel de Ville a été construit en style gothique tardif à la fin du 13e siècle.

LIMBURG AN DER LAHN

Limburg, einst am Schnittpunkt von fünf bedeutenden mittelalterlichen Handelsstraßen (Frankfurter Straße, Hühnerstraße, Hohe Straße, Hessenstraße, Koblenzer Straße), wird von den Verkehrsströmen der Neuzeit scheinbar kaum noch beachtet - allenfalls als Idylle mit dem hochragenden Dom.

Limburg, once situated at the crossroads of five important Medieval trade routes (Frankfurter Straße, Hühnerstraße, Hohe Straße, Hessenstraße, Koblenzer Straße) now seems to be largely ignored by the streams of present-day traffic - at best, it is an idyllic place with a towering cathedral.

Limburg, qui se trouvait au Moyen Age au croisement de cinq routes importantes de commerce (Frankfurter Strasse, Hühnerstrasse, Hohe Strasse, Hessenstrasse, Koblenzer Strasse) semble aujourd'hui à l'écart du trafic routier et n'offrir depuis l'autoroute que la jolie vue d'une ville dominée par sa cathédrale.

LIMBURG

◁ DIETKIRCHEN AN DER LAHN

Beim Anblick von Dietkirchen wird der Wanderer an der Lahn, Limburg im Rücken, an eine Motivwiederholung mittelalterlicher Landschaftsgestaltung erinnert: ein Gotteshaus auf steilem Kalkfelsen, nur ohne Stadt und Brücke.

To a person walking along the Lahn, the view of Dietkirchen, with Limburg in the background, will look like a reproduction of Medieval landscaping - a church on a perpendicular limestone cliff, but without the town or bridge.

Le randonneur qui se retrouve devant Dietkirchen avec Limburg derrière lui, croira voir la réplique d'une image médiévale connue: comme à Limburg, une église se dresse sur un rocher calcaire abrupt, seulement la scène ne montre ni ville ni pont.

RUNKEL, Lahnbrücke und Burg ▷

Das Motiv ist überwältigend: die alte Lahnbrücke mit den Häusern der Stadt Runkel zu Füßen des Burgfelsens. Im Stadtinneren wirken die engen Straßen unter den steilen Felsmassen fast schon beklemmend.

The scene is overwhelming: the old bridge over the Lahn and the houses of Runkel at the foot of the castle rock. In the centre of the town, the narrow streets and steep rocky slopes are almost oppressive.

L'image est impressionnante: le vieux pont de la Lahn avec les maisons de Runkel au pied du rocher où se dresse un château-fort. Les ruelles étroites de la ville donnent un sentiment d'oppression sous la paroi rocheuse qui tombe à pic.

Vorbild war wieder einmal Versailles: Die Grafen von Nassau-Weilburg wetteiferten mit dem Repräsentationsbedürfnis der anderen deutschen Duodezfürsten, die ihre politische Bedeutungslosigkeit hinter Anmaßung und aufwendiger Prachtarchitektur verbargen. – Die Häuser der Stadt Braunfels umgeben das Schloß wie Zuschauer eine Zirkusmanege. Schloß Braunfels auf einer Basaltkuppe ist eine historisierende Anlage im Stil der Gotik (19. Jh.). Das Schloß im Familienbesitz der Fürsten Solms-Braunfels wird bewohnt, ist aber für Besucher zugänglich.

This castle was another to be patterned after Versailles: The counts of Nassau-Weilburg competed with the representation styles of other German princelings who hid their political insignificance behind presumptuous entrances and pompous architecture. – The houses of Braunfels surround the castle like spectators at a circus. Braunfels Castle, situated on a basalt peak, is a historical complex from the Gothic period (19th century). The castle, which is owned by the royal family of Solms-Braunfels, is occupied, but still it is open to the public.

Versailles fut de nouveau pris pour modèle: le besoin de représentation des comtes de Nassau-Weilburg n'était pas moindre que celui des autres princes allemands qui cachaient leur insignifiance politique derrière des trains de vie et des édifices somptueux. – Les maisons de Braunfels entourent le château comme des spectateurs assis autour d'une piste de cirque. Le château Braunfels est un édifice historique de style néo-gothique (19e s). Le château, propriété des princes de Solms-Braunfels, est habité, mais peut être visité.

Kaiser Barbarossa hatte die Siedlung am linken Ufer der Lahn zur Freien Reichsstadt erhoben. Der Dom (Ende 12. bis 14. Jahrhundert) ist Simultankirche für beide Konfessionen. Die steinerne Lahnbrücke mit sieben Bögen ist 700 Jahre alt. – Gießen hat die Zerstörung im Zweiten Weltkrieg als Universitätsstadt überstanden, ebenso als Industriestadt, Behördenstadt, Eisenbahnknotenpunkt und Spinne im Verkehrsnetz. Die Altstadt aber existiert nicht mehr.

Emperor Barbarossa raised the settlement on the left bank of the Lahn to the status of Free City. The cathedral (late 12th century to 14th century) is a church for the two branches of Christianity. The stone Lahn Bridge, with its seven arches, is 700 years old. – Giessen survived destruction in the Second World War as a university town, industrial centre, administrative seat, railroad junction and the centre of a traffic network. The old part of town no longer exists.

L'empereur Barberousse éleva la localité de la rive gauche de la Lahn au rang de ville libre impériale. La cathédrale (fin du 12e au 14e s) sert aux deux confessions. Le pont en pierre aux sept arches de la Lahn a 700 ans. – Très endommagée pendant la dernière guerre mondiale, Giessen est cependant restée ville universitaire, industrielle et administrative. Elle est aussi une plaque-tournante du réseau de chemin de fer et est reliée à l'autoroute. La vieille ville n'existe plus.

Marburg war die Residenz der Landgrafen von Hessen. Einer gründete die Universität und lud Luther und Zwingli zum berühmten Marburger Gespräch ein. Berühmt wurde auch die Universität durch Wissenschaftler wie Robert Bunsen, Emil von Behring und Rudolf Karl Bultmann. Sie war jahrhundertelang der prägende Wirtschaftsfaktor der Stadt und ist es als Wegbereiterin der Behring-Werke auch geblieben. Die religiöse Überzeugung des Universitätsgründers hat ihre Wirksamkeit ebenfalls beibehalten: Marburg ist zu 77 Prozent protestantisch.

Marburg was the seat of the Hessian landgraves. One of them founded the university and invited Luther and Zwingli to attend the famous Marburg Conference. The University was also made famous by scholars such as Robert Bunsen, Emil von Behring and Rudolph Karl Bultmann. For centuries, the university was the town's strongest economic asset and still retains this function as the precursor of the Behring Works. The religious convictions of the university's founder have also remained: Marburg is approximately 77 percent Protestant.

Marburg était la résidence des landgraves de Hesse. L'un d'eux fonda l'université et invita Luther et Zwingli aux célèbres débats de Marburg. L'université acquit sa réputation grâce à des savants tels Robert Bunsen, Emil von Behring et Rudolf Karl Bultmann. Durant des siècles, elle fut le facteur économique le plus important de la ville et est restée un creuset de chercheurs pour les usines Behring. La croyance religieuse du fondateur de l'université imprègne toujours la ville: Marburg est protestante à 77 pour cent.

FRANKENBERG, Rathaus

Der Stolz Frankenbergs am nördlichsten Rand des Burgwaldes ist das städtische Rathaus mit neun Schiefertürmen und einer Fachwerkfassade von 1509.

The pride of Frankenberg on the northern edge of the so-called Burgwald is the municipal town hall with its nine slate towers and a framework facade from 1509.

La fierté de Frankenberg, située à la lisière nord de la forêt dite Burgwald, est l'Hôtel de ville avec ses neuf tours d'ardoise et sa façade à colombages de 1509.

Die Edertalsperre im Kreis Waldeck wurde 1909 bis 1914 gebaut. Die Staumauer ist 400 Meter lang und 48 Meter hoch. Der so entstandene Edersee, ein Feriengebiet ohnegleichen, ist 27 Kilometer lang. Burg Waldeck gilt als eine der größten und schönsten in Deutschland (12. Jahrhundert). Die Siedlung unterhalb des Burgbergs nannte sich nach der Burg. Sie ist seit 1232 Stadt und hat heute 6000 Einwohner.

The Edertal reservoir in the district of Waldeck was built between 1909 and 1914. The resulting Edersee lake, a holiday resort without equal, is 27 kilometres long. Waldeck Castle is considered to be one of the largest and most beautiful in Germany (12th century) The settlement beneath the mountain is named after the castle. It has been a town since 1232 and now has a population of 6,000.

Le barrage d'Edertal près de Waldeck a été construit de 1909 à 1914. Le mur de barrage est long de 400 mètres et haut de 48 mètres. Le lac artificiel dit Edersee, long de 27 km, est un endroit de villégiature incomparable. Le château de Waldeck est un des plus grands et des plus beaux d'Allemagne (12e s). Le village qui se développa à ses pieds prit son nom. Devenue ville en 1232, l'agglomération compte aujourd'hui 6000 habitants.

STOP

Die Stadt Korbach zwischen Edersee und Diemelsee besteht aus einer alten und einer neuen Stadt, die sich allerdings schon 1377 vereint haben. Die gotische Nikolaikirche mit Fürstengrab ist ein Beispiel für die Stiltradition hessischer Kirchen. – Als den Grafen von Waldeck die Reichsfürstenwürde zufiel, sahen sie sich zu größeren Anstrengungen der Repräsentation veranlaßt. Und da zu Beginn des Jahrhunderts jeder Fürst im Land seine Ansprüche am Vorbild von Versailles maß, gab man auch hier entsprechende architektonische Anweisungen.

The town of Korbach, between Edersee and Diemelsee, consists of an old and a new district which were joined as early as 1377. The Gothic Nikolaikirche is an example of the traditional style of Hessian churches. – When the counts of Waldeck were raised to the rank of Prince, they felt compelled to make every effort to represent themselves. Since, at the beginning of the century, each ruler measured his worth against the example of Versailles, this was also reflected in the architectural instructions they gave their master builder.

Korbach, située entre les lacs dits Edersee et Diemelsee, comprend une partie ancienne et nouvelle qui sont toutefois réunies depuis 1377. L'église gothique Saint-Nicolas abrite des tombeaux de comtes et est un exemple typiques d'églises en Hesse. – Les comtes de Waldeck se virent obligés de faire de plus grands efforts de représentation quand ils obtinrent le titre de princes d'Empire. Et comme c'était l'époque où chaque Prince dans le pays prenait Versailles comme modèle, on ordonna à l'architecte de suivre la même voie.

BAD WILDUNGEN

Bad Wildungen im Landkreis Waldeck-Frankenberg hat zwei Gesichter: die Altstadt und das Kurviertel mit modernen Kliniken und Sanatorien.

Bad Wildungen in the district of Waldeck-Frankenberg has two faces: the old part of town and the spa quarter with modern clinics and sanatoriums.

Bad Wildungen, située dans le département de Waldeck-Frankenberg présente deux physionomies: la vieille ville et le quartier des thermes avec des cliniques et des sanatoriums modernes.

FRITZLAR / Kurhessisches Bergland ▷

Die Stadt Fritzlar auf einer Terrasse über der Eder ist ein Höhepunkt jeder Reise durch Hessen. Der Bummel durch die Altstadt rund um den Marktplatz (Bild mit Rolandsbrunnen; mittleres Haus im Hintergrund: Gildehaus der Michaelsbruderschaft) ist ein Blick ins Mittelalter.

The town of Fritzlar on a terrace above the Eder is a high point of any trip through Hesse. A stroll through the old part of town and around the marketplace (photo with Roland Fountain, central house in the background: guild headquarters of the Brotherhood of St Michael) is a look into the Middle Ages.

La ville de Fritzlar qui domine la rivière Eder est une des plus jolies excursions de Hesse. Une promenade dans la vieille ville groupée autour de la place du marché transporte le visiteur à l'époque médiévale (photo avec la fontaine de Roland; la maison du milieu à l'arrière-plan est la Maison de la corporation St. Michel).

BILD+GLAS

Schwalmstadt ist der gemeinsame neue Name der vereinten Städte Ziegenhain und Treysa im Verbund mit weiteren elf Nachbargemeinden (insgesamt rund 19 000 Einwohner). – Homberg an der Efze, Luftkurort und Stadt mit viel Vergangenheit, kauert sich mit Altstadt und „Freiheit", mit Stadtmauer, Wehrgang und Wehrtürmen an den Schloßberg. Die Burg ist nur noch eine Ruine.

Schwalmstadt is the new collective name of the unified towns of Ziegenhain and Treysa in association with eleven other neighbouring communities (total population of approximately 19,000). – Homberg on the river Efze, fresh-air health resort and city with a vibrant past, clings to the mountain along with its old section, town wall, battlements and fortified towers. Today, the castle is in ruins.

Schwalmstadt est le nouveau nom des deux villes réunies de Ziegenhain et Treysa auxquelles se sont jointes onze communes (19 000 habitants en tout). – Homberg sur la rivière Efze, station climatique et ville au passé historique, se niche avec sa vieille ville, ses murs d'enceinte, son chemin de ronde et ses tours de guet contre la colline où se dressait le château qui n'est plus qu'une ruine aujourd'hui.

Die Innenstadt von Melsungen im Talgrund der Fulda mit Rathaus von 1556, Pfarrkirche von 1415 bis 1425 und der fünfbogigen Steinbrücke von 1595 ist ein überwältigendes mittelalterlich anmutendes Fachwerkfassadenparadies. – Stadt und Burg Spangenberg sind zu Beginn des 13. Jahrhunderts entstanden. Die Burg auf einem Kalkschieferkegel war ein Jagdschloß der hessischen Landgrafen. 1945 brannte das Schloß nieder, es wurde vom Land Hessen in ursprünglicher Gestalt wiederaufgebaut und im Inneren ein Hotel eingerichtet.

The centre of Melsungen, situated at the bottom of the Fulda Valley, with town hall dating back to 1556, parish church built between 1415 and 1425 and the five-arch stone bridge constructed in 1595 is an overwhelming and charming Medieval paradise of framework facades. – The town and castle of Spangenberg were built in the early 13th century. The castle was a hunting castle for the Hessian landgraves. In 1945, the castle burned to the ground and was restored to its original form by the State of Hesse; the interior contains a hotel.

Melsungen s'étend dans la vallée de la Fulda. Son centre ville avec l'Hôtel de Ville de 1556, l'église paroissiale construite entre 1415 et 1425, le pont de cinq arches de 1595 et les admirables demeures à colombages, offre une image médiévale impressionnante. – La ville et le château de Spangenberg ont été fondés au début du 13e siècle. Le château était un pavillon de chasse des landgraves de Hesse. Il brûla en 1945, fut reconstruit dans son aspect d'origine par le land de Hesse et abrite aujourd'hui un hôtel.

Rotenburg in Waldhessen liegt an beiden Seiten der Fulda: westlich die Altstadt, östlich die Neustadt. Die Gründungen erfolgten im 13.Jahrhundert. Alt sind sie heute beide und im Stadtbild gleich, weil sie in mittelalterlichen Feuersbrünsten und Kriegen mehrfach zerstört wurden. – Bad Hersfeld im Fuldatal ist eine Kreisstadt mit drei verschiedenen Aspekten: die Fachwerkstadt mit engen Gassen und Einkaufsstraßen innerhalb des Altstadtringes, das Kurviertel und die Festspielorte.

Rotenburg in Waldhessen lies on both sides of the river Fulda: the old part of town to the west and the new part to the east. The town was founded in the 13th century. The two sections of town are both old now and have the same appearance, for they were destroyed many times by fare and war during the Middle Ages. – Bad Hersfeld in the Fulda Valley is a district capital with three different faces: the frame-work buildings with narrow alleys and a shopping district within the old centre of town, the separate spa quarter and the festival town.

Rotenburg, fondée au 13e siècle, s'étend sur les deux rives de la Fulda: la Vieille-Ville est à l'ouest, la Nouvelle-Ville à l'est. Les deux parties sont aujourd'hui anciennes et se ressemblent car elles furent plusieurs fois détruites dans les incendies du Moyen Age et dans les différentes guerres. – Bad Hersfeld dans la vallée de la Fulda est un chef-lieu qui présente trois aspects différents: la vieille ville aux maisons à colombages, aux ruelles étroites et aux rues commerçantes, les établissements thermaux et la ville de festival.

KAUFHALLE
Farben • Lacke
Fußbodenbeläge
Taxi
14470
POST
30
P
EINKAUFSCENTER
EINFAHRT
Ende
HEF UC 24

ESCHWEGIA
ALTES
RATHAUS
Adler-Apotheke

Die Anfänge der Siedlung Eschwege waren ein fränkischer Königshof und eine Benediktinerabtei, gegründet von einer Tochter der berühmten Kaiserin Theophano. Rund 200 Jahre später kamen die hessischen Landgrafen. Es gibt viel zu entdecken und zu bestaunen in Eschwege. – Bad Sooden-Allendorf zwischen den Ausläufern des Thüringer und Kaufunger Waldes kommt über Brücken zu sich selbst. Die Werra trennt den Stadtteil Sooden mit Kurpark, Kurhaus, Kurverwaltung und Kurpromenade vom Stadtteil Allendorf.

The settlement began as a Frankish King's court and an abbey for Benedictine nuns, founded by the daughter of the famous Empress Theophano. The Hessian landgraves arrived around 200 years later. There are many things to discover and admire in Eschwege. – The two sections of Bad Sooden-Allendorf, situated between the ridges of the Thuringian and Kaufunger Forest are joined by bridges. The Werra separates the district of Sooden, with the spa gardens, spa building, administration complex and promenade from the district of Allendorf.

Une cour royale franque et un couvent de Bénédictines fondé par une fille de la célèbre impératrice Theophano sont les premières pages de l'histoire d'Eschwege. Deux cents ans plus tard, les landgraves hessois devenaient maîtres de la localité. Il y a beaucoup à admirer dans cette ville ancienne. – Des ponts réunissent les deux parties de Bad Sooden-Allendorf qui s'étend entre les lisières des bois de Thuringe et de Kaufung. La Werra sépare le quartier de Sooden avec le parc, les établissements thermaux et la promenade du quartier Allendorf.

◁◁ 72/73 NATURPARK HABICHTSWALD

Im Naturpark Habichtswald hat man die Wahl, zu Fuß oder mit dem Rad die stille und erholsame Natur dieser Mittelgebirgslandschaft kennenzulernen. Die Wanderung führt Sie vorbei an idyllischen Orten wie Habichtswald, Wolfhagen und Zierenberg (im Bild vorn). Beliebte Ziele im Naturpark sind auch das Herkules-Denkmal, Schloß Wilhelmsthal und die Löwenburg.

The relaxing, peaceful scenery of the hill country in the Habichtswald Nature Reserve can be explored on foot or by bicycle. You can hike past idyllic places like Habichtswald, Wolfhagen and Zierenberg (in the forground). Other popular spots are the Herkules Monument, Wilhelmstal Castle and the Löwenburg.

Vous pouvez découvrir le silence et la nature reposante du parc naturel de Habichtswald à pied ou en prenant le vélo. La randonnée vous mène p.ex. aux villages idylliques comme Habichtswald et Zierenberg (sur la photo devant).Des sites très visités sont aussi le monument de Herkules, le château de Wilhelmstal et le château-fort dit Löwenburg.

◁ **KASSEL**, Herkules-Oktogon, Wilhelmshöhe mit Orangerie ▷

Die 250 Meter lange Kaskadentreppe (885 Stufen), überragt vom Oktogon mit einem mehr als neun Meter hohen Farnesischen Herkules, endet am sehr dekorativen Neptunsbrunnen. Die Karlsaue ist ein barocker Landschaftspark zwischen der Stadt Kassel und dem Fulda-Fluß.

The 250 meter cascade (885 levels) projects above the octagon, with a Farnesian Hercules, over nine meters tall, and terminates in an extremely decorative Neptune Fountain. Karlsaue is a Baroque park between the town of Kassel and the Fulda river.

La cascade longue de 250 mètres qui forme un escalier géant de 885 marches est dominée par un octogone couronné d'un Hercule farnèse de plus de neuf mètres de hauteur et se termine à la très jolie fontaine de Neptune. La Karlsaue est un vaste site entre Kassel et la rivière Fulda.

In Rotkäppchens-Märchenwald hält die Zeit den Atem an. Der Reinhardswald im Norden des hessischen Berglands, ein Höhenzug aus Buntsandstein und Basaltkuppen, erinnert mit seinen legendären, fast 1000 Jahre alten Eichen an die Jagdreviere des Germanenstamms der Chatten. Im Naturpark Reinhardswald zwischen der Sababurg und Beberbeck gehen die Zeiger der Uhren sogar rückwärts. Da ist ungefähr ein Quadratkilometer Urwald sich selbst überlassen. Im Wildpark der Sababurg ist die Rückzüchtung ausgestorbener Tiere der germanischen Wälder gelungen: Wisente, Auerochsen, Urwildpferde. Die Brüder Grimm haben die Sababurg als Dornröschenschloß bezeichnet. Die Burg ist heute Hotel, Restaurant, Jagdmuseum und Mittelpunkt eines der reichsten und schönsten Tierparks in Europa.

Time seems to be standing still in Little Red Riding Hood's forest. the Reinhard Forest in the northern part of he Hessian mountain region, a mountain chain of Bunter sandstone and basalt ridges, with its legendary oaks which have been standing for almost 1000 years, is reminiscent of the Chatten hunting grounds. About one square kilometer of virgin forest has been left untouched, and in the Sababurg game preserve it has been possible to re-introduce extinct animals of the Germanic forests, such as the wisent, the auerochs and the once indigenous wild horse. The Brothers Grimm described Sababurg in their story about Sleeping Beauty. Today, the castle is a hotel, restaurant, hunting museum and the centre of the most extensive and beautiful zoo in Europe.

Le temps a arrêté sa course dans la forêt du petit Chaperon rouge. Le Reinhardswald s'etened au nord des paysages montagneux hessois. Ses fameux chênes millénaires rappellent qu'il fut le territoire de chasse de la tribu des Chattes. L'heure a même reculé dans le parc naturel du Reinhardswald entre le Sababurg et Beberbeck. Une forêt vierge y croî sur un kilomètre carré. Dans la réserve d'animaux sauvages de Sababurg, on est parvenu à réintroduire des espèces disparues qui vivaient autrefois dans les forêts germaniques: des bisons, des auerochs, des chevaux sauvages. Les frères Grimm choisirent le château comme scène de l'histoire de la Belle au bois dormant. Il est aujourd'hui un hôtel, un restaurant, un musée de chasse et le centre d'un des plus beaux parcs zoologiques d'Europe.

© Copyright by:
ZIETHEN-PANORAMA VERLAG
D-53902 Bad Münstereifel · Flurweg 15
Telefon: (0) 22 53 - 60 47
Fax:(0) 22 53 - 67 56

2. Auflage Jahr 2000

Redaktion und Buchgestaltung:
Horst Ziethen

Text: Wolgang Boller
Englisch-Übersetzung: Jess Nierenberg
Französisch-Übersetzung: France Varry

Druck, Lithogarfie, Satz:
ZIETHEN-FARBDRUCKMEDIEN GmbH
D-50999 KÖLN, Unter Buschweg 17
Fax: (0) 22 36 - 39 89 39

Buchbindung: Leipziger Großbuchbinderei

Printed in Germany

ISBN 3-929932-81-4

BILDNACHWEIS / TABLE OF ILLUSTRATIONS / TABLE DES ILLUSTRATIONS

	Seiten:
DLB / Bernhard Lisson	18, 39, 45, 51, 52, 53, 62, 64, 65 u. Rücktitel, 66, 67, 72/73
Horst Ziethen	26, 28 o.l., 29, 30, 31, 55, 57, 58, 59, 60, 68, 69, 75
Werner Otto	17 r., 19, 21, 22, 23, 32, 42, 43, 44, 48, 50, 63, 74
Fotoagentur H. Lade	15, 16, 20, 35, 37, 41, 46, 56, 70, 71
Karl Kinne	Titel, 11, 12, 13, 14, 24, 33, 54
J.P. Gottschalk	28, 40, 47, 49, 61, 76
Fritz Mader	25, 27
Foto-Förster	36, 38
Toni Schneiders	17 l.
W.H. Müller	34

Vorsatz: Ausschnitt aus der aktuellen Deutschland-Panorama-Karte mit Genehmigung von Mairs Geografischen Verlag
Nachsatz: Historische Karte von 1856 aus Stielers Hand-Atlas/Ziethen-Archiv

Historische Karte von 1856

HESSEN

(aus Stielers Handatlas)